HARALD PAWLOWSKI (HG.)

Mein Credo

Persönliche Glaubensbekenntnisse, Kommentare und Informationen

BAND 2

Impressum

Harald Pawlowski (Hg.)
Mein Credo Band 2

Titelbild: Caravaggio **»Das Gastmahl in Emmaus«** (Ausschnitt)
Druck: Druckhaus Bayreuth

Verlagsgesellschaft mbH
Postfach 2010
61410 Oberursel
ISBN: 3-88095-102-0

Harald Pawlowski (Hg.)

Mein Credo

BAND 2

Persönliche Glaubensbekenntnisse, Kommentare und Informationen

Inhalt

Lasst uns bewusst sein

gott lebt in uns
gott ist unteilbar
in ihm leben wir
bewegen wir uns
und sind wir.

in gott ist das ganze universum
in gott ist der himmel
und auch die hölle
denn es gibt nichts
außer in gott.

wenn gott in mir ist
muss auch das ganze
universum in mir sein.
ich bin teil dieses universums
und bin darum auch in mir selbst.
alle menschen, die ganze schöpfung
muss dann auch in mir sein.
und ich bin genauso in jedem anderen.

wenn das jedem bewusst würde?

gott, wir menschen, die tiere,
die ganz schöpfung, alles ist eins.
ist es das, dessen bewusst zu werden?
wenn mir das bewusst ist,
kann ich nicht mehr hassen
nicht mehr neidisch sein,
nicht mehr töten, vernichten.
dann kann ich nur noch lieben.

jesus sagt: »ich und der vater sind eins.«

wenn uns das ganze ausmaß dessen,
dass gott in uns lebt, bewusst wird,
müssen wir genauso sagen:
»ich und der vater sind eins.«

werden wir uns dessen bewusst,
dann gibt es kein groß oder klein mehr
dann ist alles gleich,
weil auch das kleinste das ganze enthält.

lasst uns bewusst werden.

was ich mir tue, tue ich dem ganzen
was ich anderen tue, tue ich mir
und damit dem ganzen.
denn in dem andern ist auch das ganze,
ob es ihm bewusst ist oder nicht.

gott ist in mir und ich in ihm
das ist meine freiheit
und meine verantwortung.
es ist kein gegenüber mehr,
sondern nur noch miteinander.

ANTON MOOCK, NEUHOF-LAMMSPRINGE

Und sie bewegt sich doch

»Und sie bewegt sich doch, die Kirche! ... obwohl ich ihrem Anspruch auf Gehorsam nicht entspreche.« In einer feierlichen Abendmesse, konnte ich in unserer übervollen Kirche, vor den Ohren eines Kölner Weihbischofs mein Credo ins Mikrophon sprechen, das diesen aufmüpfigen Satz enthält. Es fand sogar die ausdrückliche Anerkennung des Bischofs und vieler anderer. Und so kam es dazu: Ein mir nur flüchtig bekannter junger Pfarrer hatte das Credo-Buch geschenkt bekommen und darin meinen Beitrag entdeckt. Also hat Publik-Forum bei diesem Ereignis Pate gestanden. Es macht mir Freude, die ich hiermit weitergeben möchte.

EDELGARD VON DANIELS, KÖLN

Am Ball bleiben

Seit Jahren denken wir im Pfarrgemeinderat darüber nach, wie man den Glauben weitergeben kann. Ohne sichtlichen Erfolg ... Als von *Publik-Forum* der Aufruf kam, bin ich dem gerne gefolgt. Im Vordergrund stand dabei, auch meinen Nachkommen zu vermitteln, ihr Altvorderer habe sich eigene Gedanken gemacht und sei nicht einfach »hinter der Fahne her gelaufen«. Dies erschien mir umso wichtiger, als die Distanz meiner erwachsenen Kinder zur Kirche größer zu werden schien. Als mein Credo veröffentlicht wurde, schenkte ich, jedem meiner erwachsenen Kinder ein Exemplar zu Weihnachten.

Mitte Januar bin ich 70 geworden und mein ältester Sohn (43, wiederverheirateter Geschiedener) hat in seiner Laudatio im Namen seiner Geschwister gesagt, dass man auf eine solche Aussage schon lange gewartet und sie ganz toll gefunden habe. Und im übrigen sei man auf diesen Vater stolz, weil er nicht aus-, sondern auftrete und seinen Kindern eine Basis gebe, über ihr Verhältnis zur Kirche neu nachzudenken. Mir hat es jedenfalls die Chance gebracht, eine neue – und frei machende – Glaubenspositionierung vorzunehmen. Bei diesem Thema muss man am Ball bleiben.

HANNS PETERS, MÜNCHEN

Das Herz dem Geist Gottes öffnen

VON KARL LEHMANN, BISCHOF VON MAINZ

Über tausend Menschen haben durch das »Credo-Projekt« das, was »Gott« für sie heißt und was ihnen ihr Glauben bedeutet, in Worte gefasst – viele weitere tausend werden sich, so ist zu wünschen, davon inspirieren lassen für ihr eigenes Bekenntnis. Ein »Projekt des Heiligen Geistes« scheint die Idee damit geworden sein. Vielleicht ist es damit übrigens gerade mit Blick auf das begonnene Jahr 2000 näher am Willen der sogenannten »Amtskirche«, als manche/r vermutete: Papst Johannes Paul II. selbst fordert am Ende von »Tertio Millennio adveniente« die Gläubigen dazu auf, »ihr Herz den Eingebungen des Geistes zu öffnen«, und fährt fort: »Er wird es nicht unterlassen, die Herzen zu rühren, damit sie sich anschicken, das große Jubiläumsereignis mit erneuertem Glauben und offenherziger Beteiligung zu feiern.« Dass der Heilige Geist mitunter tatsächlich Neues und Ungewöhnliches eingibt, damit wird wohl auch der Heilige Vater – nicht zuletzt mit Blick auf die Kirchengeschichte – dabei rechnen.

In diesem Sinne ist dem Herausgeber auch für seine Kritik und seine Anregungen im »Brief an einen Kirchenoberen« zu danken – und mit Blick auf die »Angst vor dem Wehen des Geistes« kann er beruhigt werden. Auch den meisten Bischöfen – auch mir – ist sicherlich nicht an einer langweiligen, eigenbrötlerischen Kirche gelegen. Sie brauchen aber, um die Kirche stetig zu verändern, auch dringend Menschen, die sich, mit all ihren Zweifeln und ihrer Suche, einbringen, gerade wenn es um die kirchliche Praxis vor Ort geht. Dass das Buch »Mein Credo« viele Christinnen und Christen auch dazu ermutigt und ermächtigt, ist ihm ebenfalls zu wünschen.

Das vielstimmige Orchester der Credos hören

VON HARALD PAWLOWSKI

Die von dem Credo-Projekt von *Publik-Forum* angestoßene Diskussion könnte, wenn sie in ihrer ganzen Breite und Tiefe veröffentlicht werden würde, Bände füllen. Allein schon diese kleine Auslese aus den vielen Aussprachen, die ich hier vornehme, gibt einen kleinen Einblick in die Diskussion in Kirchengemeinden, privaten Gesprächskreisen, Hochschul-Studiengängen, Schulklassen, Jugendkreisen und Firm- und Konfirmandengruppen, nicht zu vergessen den Meinungsaustausch über Korrespondenzen, Telefonate, Fax und Internet. Weit über 100 000 Menschen sind schätzungsweise an diesem von Publik-Forum angestoßenen Gespräch beteiligt. Es zieht nach wie vor weitere Kreise.

Sowohl das Publik-Forum-Dossier mit der Credo-Interpretation von Hans Küng wie auch der erste Band »Mein Credo« bilden die Vorlage für diese Gespräche, in denen ganz neu und intensiv ohne Schultheologen und bestallte Schriftgelehrte über die traditionellen Sätze des Credos nachgedacht und versucht wird, einzelne Glaubenssätze in der Sprache von heute neu zu formulieren. Für viele ist dies ein sehr spannender Vorgang. Die Formulierungen eigener, persönlicher Credos, aber auch von Credos von Gemeinschaften führen so gut wie zwangsläufig zu der Frage: »Was ist das Spezielle am christlichen Glauben?«

Konkreter nachgefragt: Ist man noch Christ, wenn Jesus Christus nicht in seiner Göttlichkeit als »Sohn Gottes« geglaubt wird, sondern als ein Mensch, der ein herausragendes Vorbild ist, ein Mensch, der mit seiner

Liebesbotschaft und seiner mutigen Konsequenz ein *einzigartiges* Ideal darstellt? Und weiter: Muss ein Christ an die Auferstehung Jesu glauben und an die allgemeine Auferstehung an einem Jüngsten Tag, wenn er stattdessen an ein persönliches Weiterleben des geistigen Ichs glaubt oder dieses für wahrscheinlich hält? Ist nicht vieles »Göttliche« dem menschlichen Begriffsvermögen unbegreiflich und sind festgezurrte Glaubenssätze deshalb nicht eine Überforderung? Ist die *Inkarnation* nicht wie auch die *Re-Inkarnation*, die »Fleischwerdung des Gottessohnes« wie auch der ständige Kreislauf des Lebens in wechselnden Formen, dem menschlichen Denken entsprungen, in dem Gottes Geist wirkt? Und: Worauf kommt es, von allen anderen gläubigen Vorstellungen abgesehen, letztlich in dem Leben jedes Menschen an? »Was erwartet Gott von mir?« Ist das praktische Verhalten, Liebe und Frieden zu verbreiten, selbstkritisch Egoismus und Geltungssucht zu überwinden, nicht wichtiger als der regelmäßige Besuch von Gottesdiensten? Reicht es nicht, zu dem »mindestens noch im Geiste auch heute lebendigen« Jesus Christus zu beten, dass er Beistand leistet, ihm besser nachzufolgen?

Andere Stimmen warnen davor, dass im Zuge des anwachsenden Trends zur Individualisierung – mit der Folge, dass jeder seinen eigenen Glauben formuliert – das allgemein verpflichtende kirchliche Credo zu einem Museumsstück herabgesetzt werde. Zumindest gehöre zur *Verinnerlichung* des Glaubensschatzes die *Erinnerung* an das traditionelle kirchliche Credo, obgleich es von antiken Wortbildern geprägt ist. Jede Interpretation, genauer *christliche* Interpretation müsse sich an dem Ausgangstext orientieren. Denn jede persönliche Interpretation sei von den persönlichen Bedürfnissen und sich ändernden zeitlichen Umständen beeinflusst. Deshalb müsse man an dem gemeinsamen Text der kirchlichen Gemeinschaft mit seinen traditionellen Wortbildern festhalten. Christliche Interpretation brauche den gesamt-christlichen Ausgangstext.

Eine nicht kleine Anzahl von Teilnehmern an den Diskussionen äußerte, keinerlei Schwierigkeiten beim Beten des »Empfangen durch den Heiligen Geist, geboren von Maria der Jungfrau« zu haben. Hinter dieser mythischen Ausdrucksweise wird beim Beten der Worte eine *spirituelle Wirklichkeit*, eine eigentliche Wirklichkeit gesehen. Wo Gott ganz nahe sei – wie bei Maria –, da sei Erstmaliges, Nicht-da-Gewesenes, eben »Jungfräuliches«, Neues, Geist und Leben. Da spiele es überhaupt keine Rolle, ob vielleicht

Josef doch der leibliche Vater Jesu war und Maria wie jede Frau Jesus empfangen hat oder ob Jesus Geschwister hatte.

Aber auch auf Roger Schutz, den Prior der ökumenischen Mönche von Taizé, wird hingewiesen, der einst in kurzen Worten sagte: »Nimm aus dem Evangelium das, was du glauben kannst – und sei es noch so wenig –, aber lebe es!«

Bezweifelt wurde, dass an einer Stelle des ersten Bandes von »Mein Credo« vertreten werde, »dass die meisten Einsender der persönlichen Credos an Publik-Forum nicht an die Göttlichkeit Jesu glauben«. Dafür finde sich in den veröffentlichten Credos überhaupt kein Nachweis, es sei denn, dass eine Formulierung wie »Christus mein Bruder« besagte, dies spreche gegen den Glauben an die Göttlichkeit Jesu. Die Mehrzahl der veröffentlichten Bekenntnisse spräche von der Liebe Gottes, an die man durch Jesus glauben kann. Wer an Gott in seiner Dreifaltigkeit glaube, an diese tiefe, elementare Liebesbeziehung, gehe davon aus, dass diese den Menschen auch in ihren irdischen Nöten und Zweifeln beistehe. Das setze voraus, dass man »den Himmel« heute als eine Dimension der göttlichen Tiefenwirkung auch in unserer sichtbaren Welt auffasse. Viele junge Erwachsene glauben deshalb, was Hans Küng als »Christologie von unten« benennt. Man sollte lieber von der »dreifaltigen Liebe Gottes« sprechen.

Bemängelt wird, wie wenig bei der Formulierung der persönlichen Credos Fragen zum Tragen kommen, wie sie von der feministischen und ökologischen Theologie aufgeworfen werden. Probleme, die für die zweite Hälfte des 20. Jahrhunderts und unvermeidlich für das 21. Jahrhundert charakteristisch sind, würden kaum erwähnt.

Sind nicht die Menschen, und auch die Christen, offensichtlich Verursacher der ökologischen Bedrohung? Haben es die Kirchen nicht mehr oder minder schwer, sich aus den überkommenen patriarchalischen Formen zu lösen? Bedauert wird auch, dass viele der persönlichen Credos sich lediglich auf den eigenen individuellen Glauben beziehen, aber kaum im Sinn haben, so zu formulieren, dass der jeweilige Text den Glauben auch für Nichtgläubige verständlich macht. Könnten dazu nicht Kurzformeln des Glaubens sinnvoll sein, die vor allem das Vertrauen auf einen liebenden und verzeihenden Gott zur Sprache bringen und somit den Menschen Hoffnung geben? Solche Credos müssten immer wieder neu zur Sprache gebracht werden, damit sie nicht zu statischen Formeln erstarren und sie somit »wahr« bleiben können. Sätze wie »eingeborener Sohn« – was heißt das: eingeboren? –, »geboren von der Jungfrau Maria« oder Details aus der Leidensgeschichte Jesu würden nicht das Wesentliche des Christentums erkennbar machen, wie sie im Wirken Jesu und seinen Gleichnissen und der Bergpredigt aufleuchten. Müsste nicht auch darüber nachgedacht werden, ob nach heutigem Verständnis ein »allmächtiger« Herrgott-Vater überhaupt noch eingängig vorgetragen werden kann und sollte?

Drei Grundsatzfragen wurden gestellt: Was war der Gottesglaube von Jesus selbst? Weshalb gehört *diesem* Gott mein Grundvertrauen? Was bedeutet *dieser* Glaube für mich selber, aber zudem für die nahe und ferne Umwelt, in der ich lebe?

Besorgnisse wurden auch im Hinblick auf das freie Formulieren von, wie es hieß, »Glaubenswahrheiten« geäußert. Es sei höchst problematisch, Evangeliumstexte in ihrem Wortlaut zu verändern und dem Zeitgeist, wie es hieß, zu unterwerfen. Das Evangelium enthalte »Gottes Wort«, »eher werden Himmel und Erde vergehen, als nur ein Jota in der Schrift verändert« werde. Den Verteidigern dieses wortwörtlichen Glaubens wurde im Dialog bedeutet, dass die »Schrift« im Laufe der Geschichte durch viele Filter gelaufen sei. Der antike alt-griechische Urtext basiere weitgehend auf mündlichen hebräischen Überlieferungen. Aus dem griechischen Text sei der lateinische Text übersetzt worden und aus diesem Text verschiedenen Fassungen in Nationalsprachen und in konfessionellen Färbungen. In gewissem Sinne seien damit hunderte von »Jotas« mit gutem Willen interpretiert, verdolmetscht und damit verändert worden.

Was die persönlichen Credos wie in dem ersten Band »Mein Credo« angeht, so wird der »stark subjektive Charakter« der Texte von einigen Bischöfen in Schreiben an Publik-Forum hervorgehoben. Dieser persönliche Charakter der Credos lasse eine allgemeine Beurteilung kaum zu. Deshalb sei ein Rückschluss auf ein typisches Glaubensempfinden von heute auf Grund der ausgewählten und veröffentlichten Credos nicht möglich. Allerdings gebühre Publik-Forum Dank dafür, mit seiner Aktion viele Menschen bewegt zu haben, sich über ihren persönlichen Glauben Gedanken zu machen und zu versuchen, dies in Worte zu fassen. Andere bischöfliche Stimmen verweisen auf die zahlreichen schönen und wertvollen Texte im Buch, die gerade wegen ihres subjektiven Charakters von ganz ursprünglicher Kraft und Lebendigkeit seien. Eine ausgiebige und weiterführende Antwort eines Bischofs wird auf den »Brief an einen Kirchenoberen« in diesem Band (Seite 48) veröffentlicht.

Unter den tausenden Zuschriften, die uns im Zusammenhang mit dem Credo-Projekt erreichten, haben sich also neben einer großen zustimmenden Mehrheit auch einige wenige warnende und ablehnende Stimmen gefunden. Das ist nicht weiter verwunderlich. Schließlich hat die Aktion von Publik-Forum die Schleusen für ein Glaubensdenken geöffnet, das sich nicht mehr wie gewohnt fromm und gehorsam an vorgegebene, fest formulierte Glaubensformeln hält. Heute, wo so vieles in Fluss geraten ist, werden damit bisherige Sicherheiten in Frage gestellt. Die verpflichtenden Formen und Formulierungen werden daraufhin abgeklopft, ob sie in dem heutigen Verständnis noch mit den Kern-Inhalten gleichgesetzt werden können. Dass Glaubensinhalte neue Formen benötigen, wenn sie sich nicht zu leblosen Museumsstücken ablagern sollen, wird nicht immer erkannt. Publik-Forum stellt sich aber auch die Frage, ob die kleine Minderheit negativ-kritischer Zuschriften nicht doch immer noch einen beträchtlichen Teil der Kirchgänger – vielleicht die Mehrheit – repräsentiert. Der biblische Satz, wonach man den neuen Wein nicht in alte Schläuche gießen sollte, ist also nach wie vor – insbesondere in den Kirchen – sehr auslegungsbedürftig.

Im Zusammenhang mit dieser Frage ist es meines Erachtens nötig, sich der Kernfrage zu stellen, die hinter all dem steht: *das Verhältnis von Jesus Christus zu Gott*. Dieses Verhältnis ist für die christlichen Kirchen ein »innergöttliches« Verhältnis. Jesus Christus ist der »eingeborene Sohn Gottes«, so wird es im sonntäglichen ökumenischen Credo formuliert. Ist man aber nur dann ein Christ, wenn man diese kirchenamtliche Formulierung wortgetreu gläubig akzeptiert? Ist die gläubige Bejahung der Formulierung »Gottes Sohn« zwingend für das Christsein? Hat sich das Bewusstsein im Verlaufe von Jahrhunderten nicht dahingehend geändert, dass zwischen der Kernsubstanz einer Lehre und der Form der Interpretation dieser Substanz und der damit verbundenen Wahl der Worte und Begriffe unterschieden werden kann und muss?

Für die Christen in den ersten Jahrhunderten war dies keine solche »theoretische« Frage. Erklärten sie sich, unter Todesandrohung, für Jesus

Christus, den Sohn Gottes, wurden sie zu Staats- und Religionsverbrechern gestempelt und den wilden Tieren zum Fraß vorgeworfen. Mit ihrem Bekenntnis erklärten sie sich gegen den Cäsaren, der als solches Sohn Gottes war. Die Bezeichnung »Sohn Gottes« hatte also hier eine konkrete, ja revolutionäre Bedeutung. Heute reduziert sich dies konkret nur noch auf den christlichen Satz: Man muss Gott mehr gehorchen als den Menschen.

Das Wort »Gottes Sohn« ist heute zu einem theoretischen Begriff geworden, der in der offiziellen Kirchenlehre, in Dogmen, seinen verpflichtenden Charakter behalten hat. Wer als Christ – insbesondere als kirchlicher Amtsträger oder als christlicher Theologe – diesen Begriff vermeidet, ihn interpretiert, ihn umschreibt, gerät schnell in den Verdacht, den rechten Glauben verloren zu haben oder ein Irrlehrer zu sein. Insofern gibt es einen starken Vorbehalt gegenüber einer Vermeidung des Begriffes »Gottes Sohn«. Schon gar nicht soll dieser Begriff aus dem dogmatisch fixierten Credo herausgenommen werden. Dahinter steht die Befürchtung, dass das gesamte kirchliche Lehrgebäude wie ein Kartenhaus zusammenbrechen würde, gäbe man die alten Worte, wie »Gottes Sohn«, auf.

Diese Angst könnte allerdings genommen werden, wenn man sich damit abfände, dass es sich bei allen nicht-amtlichen kirchlichen Glaubensformulierungen um oft sehr notwendige Interpretationen und Übersetzungen handelt, die den Kern-Inhalt des christlichen Gottesglaubens so zu vermitteln suchen, dass sie auch von Kirchenfernen akzeptiert werden können. Das Wort »Sohn Gottes« hat dann viele Gesichter, Gesichter Gottes, mit denen Menschen versuchen, sich ein je eigenes Bild eines Gottes zu machen, der unter uns ist. Das jeweilige Bild aber ist nicht Gott selbst, wie auch das Sprachbild »Sohn Gottes« nicht Jesus Christus selber ist, sondern letztlich ein sehr unvollkommener Hinweis auf sein innerstes Gottesverhältnis, auf die eigentliche Substanz. Ist nicht auch hier der Begriff »Sohn Gottes« eine beschreibende Wortbildung, die zur Sprachgattung Erzählung gehört, jener Sprachgattung, die in der Bibel üblich ist, die wiederum jegliche Fixierung auf bestimmte Begriffe nicht kennt?

Aber nicht nur oberste theologische Glaubenshüter verteidigen alte Begriffe. Zum Glaubensschatz des traditionellen Kirchenvolkes – zur *Theopoesie* – gehört ein umfangreicher, die Gottessohnschaft Jesu Christi umgebender Kranz von aussagestarken »frommen« Legenden. So die erbsündenfreie Empfängnis und die Geburt der Gottesmutter Maria durch Marias Mutter Anna und Vater Joachim, die Geburt Jesu in Bethlehem, der Stadt König Davids, und Jesu Empfängnis in den Leib der jungfräulichen Maria durch den Geist Gottes – ohne die biologische Teilnahme durch den Mann Josef.

Es ist heutzutage immer weniger plausibel, dass aus den überlieferten Worten des Evangeliums mit seinen erzählerischen Sinnbildern logische Begriffssysteme herausfiltriert wurden. Dogmen wurden formuliert, die zudem noch als Messstäbe zur Feststellung der Rechtgläubigkeit dienten. Das System der Dogmen wurde zu einem System rechtlicher Normen, das zur Rechtsverfolgung drängt. Es reicht deshalb nicht, nur aus den kirchenamtlichen Credos heraus in deren Rahmen zu interpretieren und zu dolmetschen. Ausgangspunkt sind die Evangelien, der Gottesglaube Jesu und seine in der Bergpredigt gebündelte Lebenslehre.

Die uns eingesandten persönlichen Glaubensbekenntnisse, das zeigt sich, orientieren sich oft an der Satzfolge des kirchlichen Credos – dem Vater und Schöpfer folgt dessen Sohn, alsdann der Gottesgeist. Wobei die Formulierungen zur Gottessohnschaft, die Darstellung der innergöttlichen Vater-Sohn-Beziehung offensichtlich oft ganz bewusst nicht mit einer exakten Begrifflichkeit zum Ausdruck gebracht werden.

Liegt hier etwa eine entscheidende »Einbruchstelle« in das überkommene christliche, über Jahrhunderte gepflegte und verteidigte Lehrgebäude? Steht und fällt nicht mit der Formulierung der Gottessohnschaft der ganze *christliche* Glaube in sich zusammen? Gerade wenn man bedenkt, dass außerhalb der Kirchen, aber auch schon innerhalb der kirchlichen Mitläuferschaft, ein religiöses Denken und Fühlen aufbricht, mit dem sich überhaupt kein Bild mehr von einer göttlichen Person, geschweige denn von göttlichen Personen gemacht wird? Sogar der Name Gott, so wird bereits in den Kirchen geklagt, verdunste. Der Glaube an Gott wird durch Ahnungen ersetzt, von Ahnungen über eine allumfassende innere, zugleich kosmische Kraft, die alles durchdringt: So etwas wie eine Sache, auf jeden Fall keine Person, aber wahrscheinlich weder dies noch das.

Diese geradezu untergründig anwachsende neue, vorwiegend emotionale Religiösität bedarf der genuin christlichen Provokation. Gewiss hat das Wort, der Begriff von der Gottessohnschaft zwar immer noch eine provokative Wirkung, doch eine mit einem stark negativen Touch. Kirche gerät mit solchen Worten in die Ecke und zeigt ein Bild einer sterbenden Großsekte. Wenn die einst so strittig-revolutionäre Botschaft des Jesus Christus die heute ausgestellten religiösen Antennen erreichen soll, muss mit neuen Formen gestaltet und in der Sprache der Aktualität gesprochen werden, wie es in den vielen tausend persönlichen Credos, die uns inzwischen erreichten, versucht wird.

Tochter Gottes

Ich glaube Gott als Vater und als Mutter
und uns Menschen alle als Geschwister.
Dieser Glaube lässt keine Herrschaft und Unterdrückung
keine Ungerechtigkeit und Benachteiligung zu
zwischen Reich und Arm,
zwischen Mann und Frau,
zwischen Weiß und Schwarz,
zwischen Einheimischen und Fremden.

Ich glaube Gott als Gebärerin und als Schöpfer,
uns das eigene Leben und das der Natur schenkend.
Dieser Glaube ruft mich,
die weitere Zerstörung der Natur zu verhindern,
Menschen, Pflanzen und Tiere zu schützen,
wo sie dem Profit geopfert werden sollen.

Ich glaube Jesus von Nazaret als Sohn Gottes.
Er lebte diesen Glauben an Gott,
den Vater und die Gebärerin,
indem er mit den Ausgebeuteten,
den politisch Entmündigten und
den religiös Ausgeschlossenen das Brot teilte.
Dieser Glaube drängt zum klaren Entscheid,
in meinem Handeln zur Tochter
und zum Sohn Gottes zu werden.

Ich glaube Gott als Geist,
als treibende Kraft im Leben von Jesus,
und als Quelle,
die uns untrüglichen Sinn für Gerechtigkeit,
furchtlosen Mut zur politischen Einmischung
und überströmende Liebe
zur Veränderung der Welt einflößt.
Dieser Glaube entlarvt jene Geister und Interessen,

die ungerechte Güterverteilung und wirtschaftliche Sachzwänge
auf Kosten von Fremden und Frauen
stützen und rechtfertigen.

Lasst uns im Namen Gottes
eintreten für das Leben der Menschen und der Natur.
Lasst uns im Namen Jesu
einstehen für Gerechtigkeit
und brüderlich-schwesterliches Umgehen miteinander.
Lasst uns in der Gemeinschaft mit dem Geist
todbringende Ideologien und Feindbilder überwinden.
Amen

REGULA STROBEL, FREIBURG (SCHWEIZ)

Einstimmen in den Lobgesang des Kosmos

Ich vertraue, von Dir, Gott, geliebt, gesegnet, erlöst und bewohnt zu sein,
zusammen mit allen Mitmenschen, vereint mit der ganzen Schöpfung.
In Jesus Christus begegnet mir die menschgewordene Liebe Gottes am überzeugendsten.
Aber auch in allen Heiligen, Weisen, Müttern, Künstlern, Kindern,
von Buddha bis Bach und Bruckner,
von Laotse bis Leonardo und van Gogh,
von Platon bis Goethe und Solowjow,
von Mirjam bis Teresa und Rigoberta,
von Franziskus bis Gandhi und dem Dalai Lama
erfahre ich Gottes Heiligen Geist, der alle eint, erhellt, erträgt, versteht und verklärt.
So sehe ich meines Lebens Sinn, mitfühlend, mitdenkend und mithandelnd an dem Vollendungsprozess des Universums mitzuwirken und in den Lobgesang des Kosmos einzustimmen.

HEINRICH V. BECHTOLSHEIM, NONNENHORN

Anrufung

Wache auf Gott
schlafe nicht länger in mir
in meiner Seele Grund
der mir verbirgt
deines Angesichts Licht

wirke Gott in mir

durch dich lass mich schmecken
mein ungeschaffenes Sein
sprenge auf den Panzer meiner Eigenheit
meines trügerischen Ichs

mache mich porös
durchlässig für dich
dass ich dich atme
aus und ein bis mein Atem
vergeht in dem Deinen

bis Du mich atmest

sei Du mein Baum
sei Wurzelgrund und Krone
mein Atemgeäst
in das ich mich verzweig'
ohne zu fragen
wann ich Blätter treiben soll
wann Blüte oder Frucht

nimm alle Fragen von mir
sei antwortlos

wirke

Instrument lass mich sein
deine Lieder zu singen

in deinem ewigen Jetzt

in Deiner
in meiner

Unsterblichkeit

ANNELIESE MERKEL, STUTTGART

Oster-Märchen

Als die Menschen ihren Ursprung vergaßen
und Gott auf einen alten Mann im Himmel reduzierten,
entschloss sich die Göttliche Kraft,
wieder in der Welt zu erscheinen:

Diesmal zwar als Mann,
aber als einer,

– der nicht in Viehherden oder Gold dachte;
– der selbst Frauen als Menschen ansah;
– der sich in der Einsamkeit sammelte
und in der Gemeinschaft lehrte und heilte;
– der (Gott sei Dank) weder Papst noch katholisch war;
– der zum Trost seinen Geist hinterließ, der weht, wo er will
(manchmal sogar in der katholischen Kirche);
– der Liebe lebte
und mit seinem Sterben zurückführte
zum Gesetz des Lebens:

werden und vergehen,
sterben und auferstehen,
ohne Anfang, ohne Ende, ohne Zeit,

ewig.

HANNELORE HECKNER, KOBLENZ

Worauf ich mich verlasse

Ich vertraue auf Gott. Er atmet in mir.
Er hat ein großes Herz. Aus ihm kommt alles, was ist.

Ich verlasse mich auf Jesus Christus.
Er wuchs heran in der Kraft der Liebe.
Seine Menschenfreundlichkeit war herrlich.
Die Wahrheit hat ihn begeistert.
Reinen Herzens war seine Mutter.
Er litt, wenn Menschen ihre Hände in Unschuld wuschen.
Die ohne Rückgrat brachen ihm das Kreuz.
Er starb und wurde begraben.
An ihm biss sich der Tod die Zähne aus,
zu gewaltig war sein Leben.
Durchlässig waren für ihn die Grenzen dieser Welt.
Er hat seinen Platz gefunden
in der Güte Gottes, die so mächtig ist.
Sie ist Richtschnur für Lebende und Tote.

Mein Fluchtpunkt ist der Geist.
Er ist unfassbar und überwältigend.
Wie ein sanfter Wind rührt er die Seele an.
Die Hingabe der Kirche ist sein Werk.
Er lässt die Menschen sich bescheiden,
Gleiche unter Gleichen werden.
Ich setze darauf, neu anzufangen, trotz aller Schuld.
Jede Krise ist eine Geburt, der Tod verliert seine Schrecken.
Die Würde des Lebens ist auf ewig unantastbar.

Amen

REINHARD STOLZ, NIEDERNJESA

Gottessohnmenschensohn

GOTTESSOHNMENSCHENSOHN
GOTTESSOHNMENSCHENSO
GOTTESSOHNMENSCHEN
GOTTESSOHNMENSCH
GOTTESSOHNMEN
GOTTESSOHN
GOTTESSO
GOTTES
GOTTE
GOTT
GOT
GO
G
G
GO
GOT
GOTT
GOTTE
GOTTES
GOTTESSO
GOTTESSOHN
GOTTESSOHNMEN
GOTTESSOHNMENSCH
GOTTESSOHNMENSCHEN
GOTTESSOHNMENSCHENSO
GOTTESSOHNMENSCHENSOHN

L I C H T
LEBEN LICHT TOD
LEBENICHTOD
LEBICHTOD
LICHT
ICH ?

ICH ?
ICH GLAUBE ?
ICH GLAUBE
ICH GLAUBE AN ?
ICH GLAUBE AN GOTT ?
ICH GLAUBE AN GOTT DEN ALLMÄCHTIGEN
ICH GLAUBE AN GOTT DEN ALLMÄCHTIGEN ?
ABCDEFGHIJKLMNOPQRSTTUVWXYZ

THEODOR A. M. FREY, MÜNCHEN

Der Odem in mir

Ich glaube an Gott als Licht der Welt,
an die Energie des Lichtes als Liebe
an die Bündelung der Lichtfrequenzen als Wahrheit
an die Wärme des Lichtes als Wachtumskraft
an die ununterbrochene Verwandlung
durch die positiven und negativen Pole des Lichtes

Ich glaube an die Ganzheitlichkeit der göttlichen Präsenz
nicht geteilt in vergängliche Bilder
von väterlich und mütterlich
männlich oder weiblich
ohne Namen, ohne Bild, ohne menschliche Vorstellung
ist Gott der Odem in mir
der mir damit die Grundbedingung
des Lebens zur Freiheit der Bewusst-Werdung
mitgegeben hat für meinen Weg durch Raum
Zeit und Gestaltung meines einmaligen Auftrags:
Menschlich zu sein und immer mehr zu werden.
Pilatus: »Seht, welch ein Mensch!«

SR. MARGARETHE MADER-STIEL, STERBEBEGLEITERIN, HINTERZARTEN

Mein therapeutisches Credo

Wenn ich mit Berater- und Therapeutenzungen redete und hätte keine Liebe, so wäre ich ein kalter Techniker oder eine Feedback-Maschine.

Und wenn ich analysieren könnte und hätte volle Bewusstheit, so dass ich wunderbare Erfolge erzielen könnte, und hätte keine Liebe, so wäre ich nichts.

Und wenn ich mein ganzes Geld für Fortbildung ausgäbe und alle meine Kraft in der Beratung einsetzte und hätte keine Liebe, so wär' es alles umsonst.

Die Liebe geht mit dem Prozess und ist wie ein Freund; die Liebe hat keinen therapeutischen Ehrgeiz, sie »macht« nicht irgendetwas, sie nimmt sich nicht zu wichtig.
Sie hat Zeit, sie will sich nicht selbst befriedigen, sie erträgt Frustrationen, sie nimmt Aggressionen nicht persönlich.
Sie ist weder sadistisch noch parteiisch, sie schätzt Offenheit.
Sie hält der Wirklichkeit stand.
Die Liebe überdauert alle psychotherapeutischen Schulen; denn alle unsere Einsichten sind begrenzt und vorläufig.
Im Himmel wird es keine Psychotherapie mehr geben.
Vertrauen, Hoffnung, Liebe bleiben; aber am Wichtigsten ist die Liebe.

HEINZ KÖLLERMANN, FREIBURG

Wenn ich es mir auch nicht vorstellen kann

Ich glaube ...
Aber was?
Ich glaube an etwas, das ich nicht verstehen kann, weil es größer ist als ich, größer als mein Verstand.
Und ich habe kein besseres Wort dafür als Gott.
Ich glaube auch, dass dieser Gott mich liebt, so wie ich bin.
Ich weiß nicht, wieso ich mir da so sicher bin, denn ich habe eigentlich keinen Beweis dafür, bis vielleicht auf einen: Jesus.
Ich glaube, dass dieser Jesus Recht hatte, als er sagte, dass Gott uns liebt, dass er immer bei uns ist.
Ich glaube auch, dass nach dem Tod nicht alles aus ist.
Ich weiß aber auch nicht, was danach kommt.
Ich kann es mir nicht vorstellen.
Ich glaube nur, dass die Liebe, die von Gott kommt, irgendwie weitergeht.
Das ist es, was ich glaube und worauf ich vertraue.

DOMINIK WEIß, BAD KISSINGEN

Gegen alle Mauern lieben

Mein Glaube lehrt mich den Weg zu einer heiligen Revolution!
Sie beinhaltet das stetige Werden und Wachsen im Handeln
der bedingungslosen Liebe,
gerichtet auf das innere Ohr des eigenen Herzens,
auf die mystische Erfahrung mit dem unendlichen Gott.
Die Liebe ist es, die mich hoffen lässt,
in ihr sehe ich im Licht der leuchtenden Farben,
unbeirrbar, ohne Schranken,
in der absoluten Gleichberechtigung und Gleichwertigkeit aller Menschen,
in radikaler Unabhängigkeit seiner Religion,
seiner Sexualität,
ob Frau oder Mann,
schwarz oder weiß.
In dieser Liebe finde ich den Mut, die Geduld, die Stärke
und die Zuversicht, meinen Weg, den Gott in mir gemeint hat,
zu gehen;
wenn es sein muss,
gegen alle Mauern,
gegen die starren Strukturen der katholischen Kirche,
gegen jegliche Machtautorität,
gegen verletzende Arroganz, übertriebene Selbstliebe
und besonders gegen alle Angst.
Denn die Liebe ist der einzige Weg und die einzige Wahrheit,
sie ist die Macht, die in dieser Welt allein nur zählt.
Dafür lebe ich, dafür sterbe ich!

GISELA TRAPP, HÜRTH-FISCHENICH

Trotz aller Zweifel und Ängste

Trotz aller Zweifel glaube ich an Gott,
den Vater, den unendlich gütigen und barmherzigen,
allmächtigen Schöpfer des Himmels und der Erde.

Ich verehre in Liebe Jesus Christus,
den von Gott gesandten Menschensohn,
unsern Bruder,
Wegweiser aus prophetischem Geist,
Verkünder des himmlischen Reiches auf Erden,
Erlöser der Menschheit,
gelitten unter Pontius Pilatus,
gekreuzigt, gestorben und begraben,
auferweckt von den Toten
und erhöht durch Gottes unermessliche Gnade,
gegenwärtig in uns durch allumfassende Liebe.

Trotz aller Ängste vertraue ich in Demut
auf das Wirken von Gottes Geist in aller Welt,
in der Gemeinschaft der Glaubenden und bei allen Menschen,
die guten Willens sind,
in den Worten und Taten der heiligen und Gott ergebenen
Männer und Frauen,
in meinem so hinfälligen und nutzlos erscheinenden Leben,
dies in der Hoffnung, dass Gott uns in Liebe annimmt,
uns Gerechtigkeit widerfahren lässt
und unserem Dasein einen letzten Sinn gibt.

HEINRICH NEGELE, TÜBINGEN

Weil *Du* bist

Weil *Du* bist
Bin ich
Sind wir
Ist alles
Weil *Du* bist
Ist Seele – Tiefe – Nähe – Liebe
Wonach ich mich so sehne
Weil *Du* bist
Bist du mehr als mir Mutter und Vater sind
Bist du mir näher
Als ich mir selber bin
Weil *Du* bist
Immer – schon – wieder – noch – da
Gott
Weil *Du* Mensch bist
Ist dir mein Menschensein so vertraut
So klar – so lebendig – so verrückt – so wirklich
Weil *Du* Mensch bist
Ist dein Sehen nicht alles
sondern Mitgehen und Mitleiden und Mittragen
Weil *Du* Mensch bist
Grenzen lebtest
Unweigerlich auch den Tod
Und danach –
Unbändige Freude verheißend und Freiheit
Leben in Ewigkeit ist
In *Dir* sein
Gott
Weil *Du* Hauch bist
Ist Bewegung
Ist Zärtlichkeit
Ist Antrieb

Weil *Du* Hauch bist
Kann ich nicht ruhig bleiben
Werde ich gewiegt
Geführt
Getragen
Weil *Du* Hauch bist
Nährst *Du* meine Sehnsucht
Mein Wollen
Mein Tun
Weil *Du* Hauch bist
Lebe ich – lebendig
Leben wir – bewegt
Gott
Ich glaube an *Dich*

GABRIELE EDTHALER, STADL-PAURA (ÖSTERREICH)

Positive Kraft

Ich glaube an eine positive Kraft, die ich Gott nenne, die aus einem Chaos die Schöpfung hat entstehen lassen, Himmel und Erde mit allem, was ist.

Und an Jesus, den Christus, der aus dieser Kraft hervorgegangen ist und den Menschen ein Miteinandersein in Liebe und Gerechtigkeit vorgelebt hat.
Vielen Menschen war er deshalb unbequem, sie verfolgten, verhafteten und folterten ihn. Sie schlugen ihn ans Kreuz.
Dieser Jesus hat die Schrecken des Todes durchlebt. Er hat sie überwunden und sich wieder vereint mit der positiven hellen Kraft, mit Gott.
Seine Geisteskraft wirkt unter uns, wenn wir sie beachten und in unserer Gemeinschaft zulassen.

Ich glaube, dass eine Welt entstehen wird, an der jeder teilnehmen kann, und in der Bosheit und Totenstarre nicht mehr sind.

SIGRID LICHTENBERGER, BIELEFELD

Credo samt Widerspruch

Ich glaube, dass mich Gott geschaffen hat mit allen Kreaturen und dass ich wie alle Menschen deshalb unendlich wertvoll bin.

Ich glaube, dass Jesus Christus der neue Mensch ist, wie Gott den Menschen haben will; deshalb lasse ich mich von Jesus Christus zum wahren Menschsein befreien und hinführen. Sein Wort und sein Leben, sein Sterben und seine Auferstehung geben meinem Leben Sinn und Hoffnung. Die Teilhabe und Teilnahme an der Liebe Jesu ist die einzige Macht, die mich und die ganze Welt zurechtbringen kann.

Ich glaube, dass Gott mir in meinem Innersten und in der Gemeinschaft aller Christen spürbar und erfahrbar nahe kommt;
Ich glaube, dass er durch sein Wort und seine Sakramente zu uns spricht und uns in den Gaben seiner Kirche schon jetzt einen Vorgeschmack auf das ewige Leben in einer neuen Welt gewinnen lässt.

Ich widerspreche dem Glauben, dass man alles in der Welt und im Leben machen und kaufen kann und dass Geld die Welt regiert.

Ich glaube *nicht* an mich selber und an nichts und niemand, der sich als das Heil fürs Leben ausgibt. Ich widerspreche dem Glauben, dass es der Sinn des Lebens ist, im Alleingang gut durchzukommen und möglichst viel vom Leben zu haben.
Ich widerspreche dem Glauben an Macht und Gewalt.
Ich widerspreche dem Glauben, dass alles zu Ende ist, wenn ich am Ende bin.

Ich widerspreche dem Glauben, dass das Geheimnis des Lebens in mir selber liegt und dass es nur darauf ankommt, mich selbst zu verwirklichen.
Ich widerspreche dem Glauben, dass man unsere Welt zum Teufel gehen lassen soll. Ich widerspreche dem Glauben, dass mit dem Tod alles aus ist.

PROF. PAUL-GERHARD NOHL, FRIEDBERG (HESSEN)
Der pensionierte Pfarrer und Seminar-Professor machte bei einer Erwachsenentaufe im vergangenen Jahr den Versuch, nicht nur *sein* »Mein Credo« zu formulieren, sondern diesem Credo auch – entsprechend dem altkirchlichen Taufritual – eine Absage an den Teufel und die falschen Götter gegenüberzustellen.

Deshalb nenne ich mich Christ

Ich nenne mich einen Christen,

weil ich darauf vertraue,
dass die Welt nicht zufällig existiert
und dass ihr Schöpfer, Gott, sie aus Liebe gewollt hat,

weil ich dem guten Menschen aus Nazaret viel mehr vertraue als
allen Großen der Geschichte und Stars der Gegenwart.
Er ist Bild und Wort Gottes.
Er wurde in kleinen Verhältnissen geboren
und starb wie ein Verbrecher am Kreuz.
Doch Gott ließ ihn nicht im Stich,
bestätigte seine Lehre und sein Leben,
nahm ihn zu sich
und schenkte ihm himmlische Existenz.

weil ich darauf vertraue,
dass der göttliche Geist der Liebe mächtiger ist als der menschliche Ungeist,
dass Leben in Gemeinschaft sinnvoller ist als in Konkurrenz und Isolierung,
dass alle neu anfangen dürfen, auch wenn sie schuldig geworden sind,
dass Chaos, Sinnlosigkeit und Zerstörung überwunden werden können
und dass selbst der Tod nicht das letzte Wort hat.

Ja, darauf vertraue ich,
und darum nenne ich mich einen Christen.

GUY WEIRICH, BERTRANGE (LUXEMBURG)

Gott denkt menschlich

Ich glaube, dass Gott mehr Macht hat
als alle Menschen zusammen
und dass er diese Macht nicht missbraucht.
Ich glaube, dass Gott unseren Weg ins Auge fasst,
längst bevor wir das erste Mal nach ihm fragen,
auch den Weg der Gottlosen.
Ich glaube, dass Gott menschlich denkt,
ohne unsere Irrtümer und Verirrungen zu teilen,
und dass wir ihm auf der Erde zuarbeiten sollen.

HANS HENNING SCHLEIFER, PFORZHEIM

AntiCredo

Ich glaube an einen Gott, der dem Menschen seine volle Freiheit gab, aber ihn in der Kälte völlig allein lässt.

Ich glaube an einen Gott, der sich aus seiner Verantwortung für seine Schöpfung gestohlen hat.

Ich glaube an einen Gott, der sich den Menschen von seiner dunklen und kaum von seiner lichten Seite zeigt.

Ich glaube an einen Gott, der sich nicht finden lassen möchte.

Ich glaube an einen Gott, der ungeachtet allen Bittens seinen Geist nicht aussendet.

Ich glaube an einen Gott, der in seinem kosmischen Plan keinen Platz für das menschliche Glück vorgesehen hat.

Ich glaube an einen Gott, der die allergrößten Schweinereien zulässt, die sich Menschen ausdenken können.

Ich glaube an einen Gott, der die Menschen trotz aller Bemühungen sang- und klanglos scheitern lässt.

Ich glaube an einen Gott, der angesichts des menschlichen Leids völlig gleichgültig bleibt.

Ich glaube an einen Gott, der kein Erbarmen kennt.

Ich glaube an einen Gott, der die Schreie aus Not, Elend und Verzweiflung
nicht hört, geschweige denn erhört.
Ich glaube an einen Gott, durch den die Dürstenden verdursten
die Hungernden verhungern
die Armen immer ärmer und die Reichen immer reicher werden
die Kranken und Drogenabhängigen elendig dahinsiechen
die Nackten unbekleidet bleiben
die Gefolterten noch mehr Qualen erleiden
die Soldaten sinnlos ihr Leben verpulvern
die Einsamen ohne Freunde und Freude auskommen müssen
die Liebenden nicht wieder geliebt werden
die Unbehausten keine Bleibe finden
die Arbeitslosen vergebens nach Arbeit suchen
die Trauernden nicht getröstet werden
die Tränen weiterhin reichlich fließen
Warum?
Ich glaube an einen Gott, der da sagt: »Wer an mich glaubt, lasse alle
Hoffnung fahren.«

RUDOLF JIRKA, FREISING

Ich glaube

an Gott, das Ur-Prinzip, von dem Leben und Liebe kommt.
Er ist in mir und außer mir.

Von ihm kommt meine Seele, unsterblich und grenzenlos,
und sie geht zu ihm zurück.

Jesus Christus ist der Weg, die Wahrheit und das Leben.
In seiner Nachfolge bilden Menschen eine helfende, heilige Gemeinschaft.

Der Glaube macht frei, eigenes Geschick selbst zu bestimmen,
Elend oder Glück.

MARGRET STOFFEL, SCHWÄBISCH GMÜND

Mehr ist nicht drin

Mit sehenden Augen und fühlendem Herzen, mit Unsicherheit
und weinender Seele kann ich, wenn ich durch meine Stadt gehe,
wenn ich Zeitungen lese und fernsehe nur dieses,
mein Credo sagen:

Gerade deshalb
trotz allem
in Hoffnung
voller Vision
glaube ich an die zerbrechliche Liebe und die kleine Hoffnung
mehr ist nicht drin

JÜRGEN MÖCK, STUTTGART

Gott sitzt nicht fest

Und sie dreht sich doch
entthront keinen Gott
denn er sitzt nicht fest
weder in Gedanken Worten nochTaten
und seine Glaubwürdigkeit bleibt unbeschadet
unserer Untaten

Sie dreht sich immer noch
trotz der Menschwerdung
denn seine Liebe ist nicht steif und starr
und verliert nicht an Kraft
trotz unserer Lieblosigkeit

Und sie dreht sich weiter
verdrängt den Geist nicht an den Rand
macht endlich eins Geist Körper und Seele
und führt die die sich versammeln
in seinem Namen zu zweien oder dreien
der neuen Menschwerdung entgegen

Und sie dreht sich auch weiter
für die Heilenden und die Armen
deren Liebe den Menschen
und nicht dem Kapital gilt

Und sie dreht sich mit denen
die ihre Auferstehung
vorbereiten
im Dienst an den Seliggepriesenen
und deren Gerechtigkeitssinn
und deren Mut
und deren Handeln
und deren tatkräftige Liebe
es dem Menschen sinnvoll erscheinen lässt
an ein ewiges Leben zu glauben.

VOLKER TESAR, RETZBACH

Bewegt durch Ruach

Wir glauben an unsere Gemeinschaft, die wie eine bunte Blumenwiese ist: an die Vielfalt und Schönheit der Gräser, Blumen und Kräuter; nicht beschnitten, nicht gedüngt, vertrauend auf die inneren Kräfte, Begabungen, Stärken und Mut, die uns von Gott gegeben sind.

Wir glauben an den Halt in der Erde, an den Segen des Regens und an die Wärme der Sonne. Wir lassen uns bewegen durch die Ruach, Gottes heilige Lebenskraft. Sie steht allen Lebewesen bedingungslos zur Verfügung. Sie wird Mensch und Natur versöhnen, Leib und Seele in Einklang bringen, die Beziehungen zwischen Männern und Frauen heilen.

DAGMAR, HEIDE, KÄTHE, SIGRID UND USCHI VON DER GRUPPE
»MARIA VON MAGDALA« (EINGESANDT VON USCHI HEPPENSTIEL, LÖSCHENROD)

Was ich dennoch glaube

Was glaube ich denn noch nach all dem?

Nachdem mein leichter Kinderglaube davongeflogen ist.

Nachdem meine Träume nicht in Erfüllung gingen.

Nachdem die Kirche aufgehört hat, der Ort zu sein,
wo ich meine, Gott zu finden in den alten Mauern.

Nachdem mein Einsatz diese Welt weder gerechter
noch friedvoller gemacht hat.

Was glaube ich denn noch nach all dem?

Was ich nach all dem dennoch glaube:

Dass Gerechtigkeit und Frieden nicht vom Himmel fallen,
sondern von uns gesucht werden müssen,
weil auch Krieg und Unterdrückung von Menschen kommen.

Dass ich die Kirche brauche als den Ort,
wo sich mein Gebet einfügt in die lange Reihe der Gebete
der Vorfahren und Nachkommen, die die alten Mauern speichern.

Dass es die Gabe des Träumens ist, die Menschen
zu Söhnen und Töchtern Gottes macht.

Dass der Glaube an Gott eine Sehnsucht nach Ganzheit ist,
die ich nicht aufgeben möchte.

SEBASTIAN FLEISCHHACK, LEIPNITZ

Der göttliche Funke in mir und allem

Ich glaube nicht an die Kraft des Schicksals
nicht an Zufälle ohne Sinn
nicht an die Ohnmacht *es* zu verändern.

Ich glaube an die Kraft der Natur die Dinge im Gleichgewicht zu halten
durch Krankheit und Überschwemmungen
durch Schmerz und Sturm
durch Feuer und Lachen
durch Lust und Hitze

Ich glaube an mich und den göttlichen Funken in mir und in allem
an die Kraft der kauenden Kuh
an den Spürsinn des Hundes
an das Körpergefühl der Bäume
an das was die Augen des Nächsten sagen

Ich glaube an die Kraft des Machsals in mir und ich weiß dass diese Erde alle
Menschen ernähren kann,
ich glaube nicht an Wassermangel
ich glaube an das Brot für jeden Menschen
ich glaube an Dich

Ich weiß um den Preis der Lächerlichkeit und der Entkräftung, –
und doch, Ich glaube.

ROLF GATHER, DORMAGEN

Neues Urchristentum

Gott ist für mich die Quelle und Summe des Guten, Positiven, Werdenden. Durch den Sündenfall kam es zur Entfremdung des Menschen von Gott. Der Mensch steht nun Gott – aus dem er hervorgegangen ist – gegenüber.

Das bedeutet unter anderem, dass auch *nicht* Gutes – also Böses, existiert, eine Ursache für das Leiden. Um sich daraus zu befreien, hat der Mensch die Möglichkeit, zu Gott zurückzugehen. Wie? Das hat Gott dem Menschen selbst gesagt ... durch seinen Sohn Jesus Christus.

Nachzulesen in der Bibel, nachzufühlen im Gebet, dem Gespräch des Menschen mit Gott.

Die heutigen Probleme:

1. Die Botschaft der Bibel ist oft – durch lange Zeit seit sie verfasst worden ist und durch die ungewöhnliche Sprache – schlecht zu enträtseln.
2. Die Kirche – ursprünglich die Gemeinschaft der Christen – hat sich als Institution verselbstständigt. Unterliegt glaubensfreiem Bürokratismus.
3. Die Rituale im Gottesdienst geben nur denjenigen etwas, die damit aufgewachsen sind. Sie sind ein Stück Geschichte in der Gegenwart, gehen am Denken und Fühlen des Alltagsmenschen vorbei.
4. Die Dreieinigkeit Gottes wird oft auf Gott als Gottvater reduziert und Gottvater mit dem Begriff »Vater« gleichgesetzt.

Was falsche Erwartungen in das Handeln Gottes setzt und zu Enttäuschungen führt.

Fazit: Wir brauchen eine Renaissance des Urchristentums.

BEATE WURZIGER-KELTSCH, SELB
(Marxistisch-leninistische Philosophin, die sich 1998 taufen ließ)

Meine elf Glaubenssätze

Ich glaube:

1. an Gott als unendliches Du;

2. dass Gott diese Welt erschaffen hat aus Liebe, d. h. aus der Sehnsucht nach einem antwortenden Gegenüber;

3. dass Gott – in unsere menschliche Geschichte hineinverwoben – seine Geschichte mit uns macht;

4. dass Gott kein »Allerweltsgott« ist, sondern seinen Platz sucht bei den Armen, Kleinen und Ohnmächtigen;

5. dass Gottes »Karriere nach unten« – begonnen in der Geschichte Israels – ein für alle Mal ihren »Höhepunkt« gefunden hat in Person und Geschick Jesu von Nazaret;

6. an Jesus Christus, in dem uns Gott begegnet, wie er wirklich und unwiderruflich für uns sein will;

7. dass mit Jesus jeder Mensch »Ikone Gottes« ist;

8. an die Kirche als das gottgestiftete »Zeichen und Werkzeug« des Reiches Gottes auf Erden:

9. dass – wie tief auch immer ich falle – Gottes Arme mich auffangen werden;

10. dass ich nicht verloren gehen kann;

11. dass ich Gott schauen werde von Angesichts zu Angesicht;

HELMUT RÖHRBEIN-VIEHOFF, HAMBURG-BERGEDORF

Gott interessiert sich für mich und dich

Ich glaube,
dass ich nie allein bin,
denn Gott interessiert sich für mich.

Ich glaube,
dass Gott sich für alle Menschen interessiert und mit ihnen ist.
Die Gewissheit seiner Gegenwart gibt Hoffnung.

Ich glaube,
dass Gott etwas ist,
was die Macht hat, allen Menschen zuzuhören und ihnen zu helfen.

Ich glaube,
dass Gott alle Taten vergilt,
die guten, sowie die bösen.
Aber ich glaube auch,
dass er mich kennt und meine Schwächen akzeptiert.

Es ist schwer, Gott zu verstehen,
denn seine Taten sind ungeheuerlich und wunderbar.

Es ist schwer, Gott zu verstehen,
denn was er zulässt, ist manchmal schrecklich.

Ich glaube
an den Heiligen Geist,
der alle Menschen umgibt, die an Gott glauben.
Er hält die Heilige Christliche Kirche zusammen
und führt Menschen zueinander.

Ich glaube,
dass der Heilige Geist
das Verständnis für Fremde fördert
und Frieden schafft und erhält.

Ich glaube,
dass Jesus von Gott geschickt wurde,
um Wunder zu vollbringen
und den Grundstein zur christlichen Kirche zu legen.

Ich glaube,
dass alle Menschen gleich sind,
die gleichen Rechte und Pflichten haben.

Ich glaube,
an die Auferstehung der Toten in Gottes Himmelreich
und das ewige Leben. Amen

SARAH MÜNCH (14 J.), HALLE

Der mir nahe ist

Ich glaube an Gott,
der mich mehr liebt als alle Menschen, die mich lieben,
der mich lenkt und leitet,
der mir nahe ist in tiefer Trauer und Verzweiflung.

Ich glaube an Jesus,
der mir vorgelebt hat, wie ich als Kind Gottes leben soll,
der mir Kraft gibt, immer wieder neu zu beginnen,
der mir Hoffnung macht auf ein Anderssein nach dem Tod.

Ich glaube an die Gnade Gottes.
Sie allein macht mir Mut zu leben.

ASTRID DOBRINDT, MEINERZHAGEN

Mein derzeitiges Bekenntnis

Ich staune über die Schönheit der Welt.

Ich freue mich über die Vielfalt des Lebendigen.

Ich traure über das Leid auf der Erde und möchte es verringern, damit ich sie noch mehr lieben kann.

Ich glaube, dass auch kleinste, positive Handlungen ihre Wirkungen haben wie Spurenelemente.

Ich bewundere meinen Körper mit seinen Milliarden von Funktionen, die von sich aus, ohne meine Anweisungen, wissen, was sie tun müssen, damit Leben ist.

Ich leide an meinem schwankenden und zerbrechlichen, unsicheren Geist.

Ich danke für die Liebe, das Gute, das Edle, das Zivilcouragierte, was mir in anderen Lebewesen begegnet und mich stärkt.

Ich möchte mein ganzes Wesen, Körper und Geist, behutsam und verantwortungsbewusst durch das Leben steuern, wie ein guter Kapitän, dem ein wertvolles Schiff anvertraut ist.

Ich glaube, dass Gott die Macht der Liebe ist und sich in der Schönheit der Natur offenbart, dass Gott nicht personal und allmächtig, sondern von der Qualität her dem Bösen überlegen ist.

Ich weiß, dass ich das unendliche All nie begreifen werde.

ULRIKE STIELAU, MÖGLINGEN

Gottes Liebe wurde gänzlich arm

Wir glauben an dich, Gott,
den Schöpfer der Liebe in der Welt.
Du hast alle Macht, Leben dort zu stiften,
wo keiner es mehr erwartet.
Du zeigst dich in wirklich jedem Menschen,
ohne dein Gesicht zu verlieren.

Wir glauben an dich, Jesus, unseren Bruder
und erleben durch dich Gott als Vater und Mutter.
In dir wurde Gottes Liebe ganz arm und
befreite dadurch Menschen bis heute.
Wir glauben an dich, der von den Menschen gekreuzigt wurde
und den Gott des Lebens in den Tod mit hineinzog.
Wir glauben an dich, unseren Christus:
du erschienst deinen Freunden nach drei Tagen als Lebensspender
und willst uns alle zum wahren Leben auferwecken,
täglich, ohne ein Ende.

Wir glauben an dich, Jesu Geist.
Du kannst immer und überall die geduckte Angst aufrichten.
Du kannst uns zum Verzicht auf Gewalt und Herrschaft
und damit in die Arme der Armen treiben.
Du willst uns Menschen zu Schwestern und Brüdern machen
und schenkst uns auf diese Weise Zukunft.

Wir glauben an unsere Gemeinschaft und an die Gemeinschaft aller Menschen,
die sich dem Reich Gottes verschreiben und
die trotz allem Versagen immer neu die Erinnerung an dich leben.
Wir glauben an den Sieg von Liebe und Freiheit auf unserer Erde
und an das Reich des Friedens für jede und jeden. Amen.

BERNARD KOPP, HITTNAU (SCHWEIZ)

Nie allein

Ich glaube,

dass ich in die Kirche gehöre,
dass ich nie allein bin,
sondern
dass mich Christsein mit vielen verbindet.

Diese Gemeinschaft kann mir Kraft geben.

Vielleicht ist es auch Gott?

Ich hoffe auf Gott, der so vieles vollbracht haben soll.

Er soll uns bewahren!
Vor Gleichgültigkeit,
lähmender Angst,
vor Schwachheit
und Feigheit

Und:

Er soll uns Stärke, Hoffnung und Toleranz schenken!

Ich glaube
an das Verbindende in Jesus,
an seine Kraft,
Leute, die sich zu ihm bekennen, die ihn bewundern, zusammenzubringen
und stark zu machen gegen die Ungerechtigkeit.

MARIA KINDLING (14 J.), HALLE

Auf den heiligen Rest konzentrieren?

AUS PETER ROSIENS BRIEF AN EINEN KIRCHENOBEREN

Der »Brief an einen Kirchenoberen«, veröffentlicht in dem ersten Publik-Forum-Buch »Mein Credo«, hatte viele Adressaten. Gibt es doch nicht wenige Kirchenobere in unserem Land: Bischöfe, Kirchenpräsidenten, Superintendenten und Synodale. Einige dieser Kirchenoberen beantworteten den Brief, den Peter Rosien verfasst hatte, darunter in besonderer Weise der Bischof der Evanglischen Landeskirche von Baden, Ulrich Fischer (siehe Seite 48). Peter Rosien schrieb in seinem Brief an die Kirchenoberen u. a.:

»Sicher fällt auch Ihnen auf, wie individuell und vielfältig die in diesem Buch veröffentlichten Glaubensbekenntnisse ausgefallen sind. Hier sprechen Menschen von ihren ganz eigenen religiösen Erfahrungen und Vermissungen, spontan, autonom, unbekümmert um kirchliche Lehre und mit nicht zu überhörender religiöser Kompetenz.«

Rosien wies darauf hin, dass die Kirchenoberen die religionssoziologischen Analysen kennen. So zeige beispielsweise der in Amerika lehrende Soziologe Peter Berger in seinem viel beachteten Werk »Der Zwang zur Häresie« auf, warum Menschen heute weithin gar nicht anders können, als unter religiösen Inhalten zu wählen. Aufgenommen und reflektiert werde nur, was in den je persönlichen Erfahrungshorizont passt. Noch nie zuvor in der Geschichte seien so viele Menschen in einem solchen Maß mit fremden Kulturen und Religionen in Berührung gekommen wie heute. Rosien: »Der Prozess religiöser Auswahl und Aneignung kann dann auch Abweichungen von Bibel und Bekenntnis zeitigen, die diese oft sogar überschreiten und weiterentwickeln. Das wird in so manchen der hier vorgelegten Bekenntnisse deutlich.« Man nehme die große Überlebenschance für den christlichen Glauben nicht wahr: die glaubensgeschichtliche *Wende vom Bekenntnis- zum*

Erfahrungsglauben, die schon Jesus selbst ins Werk gesetzt habe. »Wenn Kirchenleitungen dies alles nicht ernst nehmen«, so Rosien, »sollte sich niemand wundern, dass viele Mitglieder zur Jungschen Psychologie, zu asiatischen Meditationsangeboten oder zu unterschiedlichen New-Age-Ansätzen Zuflucht nehmen.« Es werde eine tiefe Kluft sichtbar zwischen dem, womit sich Theologie und Lehre der Kirche auf der einen und der Glaube religiös engagierter Menschen auf der anderen Seite beschäftigen. Und dann Rosiens Frage:

»Muss das so bleiben? Dürfen sich die beiden großen Kirchen wirklich nur auf den *heiligen Rest* konzentrieren? Darf die kleine Minderheit der Kirchenmitglieder, die sich in den alten Glaubensformeln noch geborgen fühlen, in den Gemeinden den Ton angeben, nach dem alle zu tanzen haben?« Und: »Müssen die Kirchen denn immer auf dem letzten Jota ›amtlicher Lehre‹ bestehen? Können Bischöfe und Pfarrer nicht auch in ihren Verlautbarungen theologisch bescheidener sein? Müssen sie nicht den *Armen im Geiste* die Hände entgegenstrecken, jenen, die nur Prisen des Heiligen Geistes oder sogar ganz fremdartige Seiten von diesem mitbekommen haben? Was ist heute wohl größer in *unserem* Land, die materielle Armut oder die geistliche?« Wer Jesus wirklich war, werde man sehen, wenn man sich auf die Nachfolge einlässt. Ob man an der Formel vom »eingeborenen Sohn« Gottes festhalten muss, ist dann unter Umständen gar nicht entscheidend.

Aus amtlicher Sicht – so Rosien – wird manches sicher nur als »Teilidentifikation« gewertet, die weithin nicht zugelassen, gar zurückgewiesen und in der Praxis der Gemeinden konsequent verhindert wird. Man sollte sich in der Lehre mutig darauf beschränken, ein paar wenige biblisch verortete Wegmarkierungen zu setzen. Alles weitere könnte man ja auch einmal dem Heiligen Geist überlassen, der in unseren Amtskirchen sozusagen keine gute Presse habe: zu wenig berechenbar, zu windig, zu feurig, zu gefährlich. Eben: »die linke Hand Gottes«.

Die Angst vor dem Wehen des Geistes spiegele sich besonders in der Praxis wider. Gottesdienst-Liturgie, Verkündigung, Seelsorge oder die Lebensübergangs-Riten: Alles sei besetzt von »Ortho-Doxie«, von korrekter Lehre. Und nur wenige Geistliche unserer Kirchen ließen offene Formen zu oder pflegten sie gar.

Immer noch sei die kirchliche Praxis vor Ort die entscheidende, dort, wo die Menschen wohnen. Und hier hätte der Gottesdienst sicher die wichtigste Funktion. Rosien: »Aber wie langweilig, wie muffig und lebensfern geht es dort oft zu! Und wer geht überhaupt noch hin?«

Der vormalige Landesbischof von Bayern, Hermann von Loewenich, habe bei nahezu jeder Pfarrkonferenz den deutlichen Satz in den Raum gestellt: »Der herkömmliche Gottesdienst spricht Menschen an, die in der Kirche und in der Glaubenstradition zu Hause sind. Wir brauchen daneben aber auch andere Gottesdienstformen, solche für Suchende, Skeptiker und fernstehende Sympathisanten, für Menschen mit zweifelndem Glauben und Menschen mit weitem Glauben.« – Dem sei nichts hinzuzufügen, so Rosien, außer die Frage: »Warum geschieht das eigentlich nicht?«

Abschließend: »Ich bin sicher, verehrter Herr Bischof, wenn Sie und Ihre Amts-Kollegen es nicht schaffen, *teilidentifizierte Christen* voll anzuerkennen und in die kirchliche Arbeit zu integrieren, haben die Gemeinden keine großen Lebenschancen mehr.« Rosien wünschte den Kirchenoberen in diesem Sinne ein weites Herz und einen hohen Mut, endlich einmal durchschlagende Reformen in die Wege zu leiten.

Glauben ohne Bevormundung

VON LANDESBISCHOF ULRICH FISCHER

Zunächst möchte ich meine Anerkennung zum »Credo-Projekt« aussprechen, denn zum einen verdeutlicht es den unumkehrbaren und meines Erachtens auch nicht zu bedauernden Prozess der Pluralisierung christlicher Glaubensüberzeugungen in unseren Kirchen, zum anderen, dass und in welcher Weise Menschen in unseren Kirchen in der Lage sind, ihren Glauben eindrucksvoll auszusprechen und damit andere zum Gespräch über den Glauben einzuladen und sich mit ihnen auf die Glaubenssuche zu machen.

Ich möchte Ihr Projekt kommentieren, indem ich auf den »Brief an einen Kirchenoberen« von Peter Rosien in dem oben genannten Buch eingehe. Zunächst stimme ich voll und ganz seiner Einschätzung zu, dass in den individuellen und vielfältigen Glaubensbekenntnissen dieses Buches Menschen ihre ganz eigenen religiösen Erfahrungen unbekümmert aussprechen und dass solche Aussprache dann Abweichungen von Bibel und Bekenntnis zur Folge haben kann oder gar muss. Der Autor irrt sich dann aber ganz entscheidend in der Vermutung, dass diese Entwicklung zu einer subjektiv geprägten, nicht nur an Bibel und Bekenntnis orientierten Suche einer persönlich verantworteten Formulierung eigenen Glaubens mich als »führenden Repräsentanten der beiden Groß-Kirchen sicher irritieren« wird. Ganz im Gegenteil: Ich halte es als evangelischer Theologe für dringend notwendig, dass Mitglieder unserer Kirche lernen, den eigenen Glauben ohne jede Bevormundung durch ein kirchliches Lehramt eigenverantwortlich zu formulieren. Kirchliches Gespräch über den Glauben und auch kirchliche Bekenntnisbildung lebt von einer gewissen Freiheit zur Häresie. Ich spreche ein entschlossenes Ja zu einem lebendig gelebten und authentisch ausgesprochenen Erfahrungsglauben.

Deshalb unterstütze ich auch jene MitarbeiterInnen unserer Kirche, die zum Beispiel in der Arbeit mit KonfirmandInnen eigenverantwortete Formulierungen von Glaubensbekenntnissen wagen, die sie dann auch in Gottesdiensten den Gemeinden vortragen (Beispiele zu einer solchen Praxis finden Sie in meinem Buch »Konfirmanden gestalten Gottesdienst«, S. 53-64). Auch ermutige ich PfarrerInnen unserer Landeskirche, immer wieder einmal in Gottesdiensten statt des apostolischen (oder nizänischen) Glaubensbekenntnisses entweder ein Glaubenslied zu singen oder ein Glaubensbekenntnis unserer Zeit zu sprechen. Diese auch von mir selbst geübte Praxis ermöglicht zum einen vielen Menschen, denen die »alten Glaubensformeln« (so Peter Rosien) des Apostolicums fremd geworden sind, diese auf dem Hintergrund der Neuformulierung eines Glaubensbekenntnisses neu zu verstehen, zum anderen eröffnet solch ein subjektives Bekennen vielen Menschen neue Zugänge zum Glauben und ermutigt, den eigenen Glauben gegenüber Menschen ohne jede Kirchenbindung zu bekennen. Schließlich befreit eine solche Praxis variierter Glaubensbekenntnisse – wie sie übrigens auch in den »Thomas-Messen« gängig sind (siehe meinen Beitrag in: Heike Schmoll, Kirche ohne Zukunft? S. 116-134) – von dem Missverständnis, dass mit dem gemeinsamen Sprechen des Apostolicums (des Apostolischen Credos) im Gottesdienst quasi katechismusartig der Inhalt christlichen Glaubens »abgefragt« werden soll. Viele GottesdienstbesucherInnen sprechen doch das Apostolicum aus voller Überzeugung mit, weil sie sich damit hineinstellen wollen in die weltweite Gemeinschaft der Christenheit, nicht aber, weil sie jede einzelne Aussage dieses Glaubensbekenntnisses für sich selbst nachvollziehen können.

Die Frage von Peter Rosien, ob denn die Kirchen »immer auf dem letzten Jota ›amtlicher Lehre‹ bestehen« müssten, ist also gar nicht meine Frage. Von meinem evangelischen Selbstverständnis her gestehe ich den Mitgliedern unserer Kirche nicht nur die »Teilidentifikation« mit Bekenntnisaussagen unserer Kirche und mit biblischen Aussagen zu, sondern ich trete ganz entschieden dafür ein, dass unsere Gottesdienste immer wieder Angebote zu solcher »Teilidentifikation« bieten, um jeden Eindruck zu vermeiden, dass ChristIn nur sein könne, wer fertig im Glauben ist und wer »alles schluckt«. Die Lebenswege von Menschen sind viel zu unterschiedlich, als dass christlicher Glaube sich so einfach in für alle verbindliche

Glaubensaussagen zusammenfassen ließe. Deshalb erhebe auch ich immer und immer wieder auf Pfarrkonventen und Bezirkssynoden die Forderung, dass wir dringend ein Gottesdienstangebot für »teilidentifizierte ChristInnen« brauchen.

Gerade weil ich diese »Teilidentifizierten« ernst nehme und ihnen angemessene gottesdienstliche Angebote machen will, darf ich allerdings auf die altkirchlichen Glaubensbekenntnisse nicht verzichten. Sie sind immer wieder eine hilfreiche Richtschnur, das heute eigenverantwortlich bekennend Gesagte in der Gemeinschaft der Glaubenden zu überprüfen und entsubjektivierend zu erweitern. Insofern bieten diese Bekenntnisse mehr als nur einen zu einer bestimmten Zeit gewonnenen Glaubenskonsens, den man als überholt zur Seite legen kann, sie sind für mich und für unsere Kirche unverzichtbar, um für den subjektiv verantworteten und formulierten Glauben Orientierung und Formulierungshilfe zu gewinnen.

Meine Antwort mag Ihnen zeigen, wie sehr mir Ihr »Credo-Projekt« als hilfreich erscheint, und ich möchte – gemäß Ihrer Bitte – auch einen eigenen Credo-Text zu diesem »Credo-Projekt« leisten, indem ich Ihnen folgenden Text zur Verfügung stelle:

Mein Kirchen-Credo

1. »Gehet hin« (Mt 28,19). Mit diesen Worten Jesu endet das Matthäusevangelium. Diese Worte Jesu haben nicht davor bewahrt, uns als Kirche weithin einzurichten und auf das *Kommen* der Menschen zu warten. Kirche muss aber wieder gehende Kirche werden. Sie muss neu lernen, zu den Menschen hinzugehen, ihnen nachzugehen. Sie muss *aufsuchende Kirche* werden. Dies kann sie aber nur, wenn sie Berührungsängste gegenüber der Welt abbaut und sich einlässt auf die Menschen, deren Lebensstil und kulturelle Prägung und auf ihre religiösen Erwartungen, die immer neu entschlüsselt werden müssen.

2. »Ihr seid die königliche Priesterschaft« (1 Petr 2,9), stellt der Verfasser des 1. Petrusbriefes fest. Damit sind alle Glieder der Kirche angesprochen, und dies mag neu daran erinnern, dass es nach protestantischem Selbstverständnis eine wesenhafte Unterscheidung zwischen Priestern und Laien nicht geben kann. Evangelische Kirche der Zukunft muss die de facto

in ihr vorhandene falsche Hierarchie zwischen Priestern und Laien überwinden und das *Priestertum aller Glaubenden* neu einüben. Sie muss bewusst machen, dass alle Glaubenden zum Auftrag und Dienst in der Welt berufen sind. Nicht durch theologisches Expertenwissen wird Gottes Wirklichkeit als eine helfende, zurechtbringende, ausrichtende Wirklichkeit erfahrbar gemacht, sondern durch das Glaubenszeugnis der Priesterschaft des ganzen Gottesvolkes.

3. »Wir sind durch einen Geist zu einem Leib getauft« (1 Kor 12,13). Immer wieder bemüht Paulus das Bild des Leibes, um zu beschreiben, dass Kirche nur Kirche Jesu Christi sein kann, wenn sie *gabenorientiert denkt und handelt.* In der Erkenntnis, dass alle ChristInnen Gaben besitzen, die sie in die Gestaltung der Kirche einbringen können, liegt zugleich ein kritisches Korrektiv gegenüber manchen kirchlichen Ordnungs- und Machtstrukturen, die es natürlich in unserer Kirche geben muss, die aber begrenzt und gabenorientiert gestaltet werden müssen. Nicht die Frage »Wer darf hier was tun?« darf leitend sein, sondern die Frage »Wer kann was am besten tun?« muss die Ordnung unserer Kirche gestalten helfen.

4. »Lasset die Kinder zu mir kommen« (Mk 10, 14). Dieses Wort Jesu haben wir zwar für unsere kirchliche Taufpraxis in Anspruch genommen, aber längst noch nicht in seiner Grundsätzlichkeit für unser Kirche-Sein eingelöst. Kirche aus der Perspektive von Kindern zu entwickeln, kirchliches Leben so zu gestalten, dass Kinder nicht nur geduldet sind, sondern dass ihr Glauben, ihre Frömmigkeit, ihr Lachen, ihre Dankbarkeit – kurz: ihre Gaben – durchgängig hineinwirken in die Gemeinschaft der Glaubenden, das steht als Aufgabe an. *Kindgerechte, kinderfreundliche, auf Kinder hörende, von den Kindern lernende Kirche* zu werden, das würde uns befreien von mancher Verengung und von mancher Verkopfung, die unser kirchliches Leben prägt.

5. »Ihr als lebendige Steine erbaut euch zum geistlichen Haus« (1 Petr 2,5), fordert der Verfasser des 1. Petrusbriefes und entwickelt damit das Modell der Kirche als eines Hauses der lebendigen Steine. Ein Haus hat Zimmer, Türen und Fenster. So steht das Haus als Symbol für eine höchst kommunikative Einheit, denn innerhalb eines Hauses kann man nicht zusammenleben, ohne miteinander zu kommunizieren. Und ohne Fenster und Haustüren wäre man im Haus gefangen – ohne Kontakt zur Außenwelt. Als

Haus der lebendigen Steine muss Kirche die Binnenkommunikation verbessern, wenn sie von ihren MitarbeiterInnen, den lebendigen Steinen, als eine gegliederte Einheit erfahren werden soll, und sie muss die Außenkommunikation verbessern, wenn sie als ein einladendes Haus wahrgenommen werden will. Welches Signal setzen wir eigentlich jeden Tag neu mit den verschlossenen Türen an evangelischen Kirchen! Kirche als Haus der lebendigen Steine muss zu einer *Kirche mit einer geregelten und eingeübten Binnen- und Außenkommunikation* werden.

6. »Hier ist nicht Jude noch Grieche, denn ihr seid allesamt einer in Christus« (Gal 3,28). Dieser Kernsatz des Paulus aus dem Galaterbrief deutet an, dass in der Kirche als der Gemeinschaft der Gerechtfertigten das Verschiedensein der Verschiedenen in einem doppelten Sinn aufgehoben ist. Kirche wird Zukunft nur gewinnen, wenn sie lernt, mit dem Verschiedensein ihrer Mitglieder anders umzugehen als mit dem oft praktizierten Modell der Ausgrenzung. Wir müssen uns – im Wissen um unser gemeinsames Angenommensein bei Gott – viel mehr Verschiedensein, viel mehr Pluralität bei gleichzeitigem Ringen um das Einssein zumuten, und dies gilt auch und ganz besonders im ökumenischen Kontext. Kirche der Zukunft muss innerkonfessionell wie interkonfessionell *ein Profil der Vielfalt* entwickeln, sie muss sich Erfahrungen des ökumenischen Lernens aussetzen, wenn sie Kraft zu einem glaubwürdigen Zeugnis gewinnen soll.

7. »Sie blieben aber beständig in der Lehre der Apostel und in der Gemeinschaft und im Brotbrechen und im Gebet ... und hatten alle Dinge gemeinsam« (Apg 2,42.44). Von ihren Anfängen her war und ist Kirche eucharistische Kirche, das heißt eine Kirche, die in der Feier des Abendmahls nicht nur ihr Zentrum hat, sondern die vom Abendmahl her alle Bereiche des Lebens in den Blick nimmt. *Eucharistische Kirche* ist eine Kirche, in der die Trennung von Gottesdienst und Weltdienst, von Sonntag und Alltag, von Abendmahl und sozialem Tun aufgehoben ist. Das am Tisch des Herrn geteilte Brot ist dasselbe, das im täglichen Leben miteinander geteilt wird. Das Brot ist zugleich Leib des Herrn und Frucht der menschlichen Arbeit. Gottesdienst und soziales Tun, Kampf und Kontemplation, Gebet, Rückbesinnung auf die Lehre der Apostel und Weltzugewandtheit gehören in einer eucharistischen Kirche untrennbar zusammen. Diese Perspektive einer eucharistischen Kirche muss wiedergewonnen werden, wenn Kirche

nicht zu einem Club weltabgewandter«Heiliger« und die Welt nicht der Heillosigkeit anheim gegeben werden soll.

8. »Wir haben hier keine bleibende Stadt, sondern die zukünftige suchen wir« (Hebr 13,14). Mit diesen Worten erfasst der Hebräerbrief die *Kirche als das wandernde Gottesvolk*, das in der Nachfolge Jesu Christi auf dem Weg ist durch die Zeiten hin zum verheißenen Ziel des Gottesreiches. Das verheißene Ziel Gottes ist nicht die Kirche selbst, sondern ist Gottes Reich der Gerechtigkeit und des Friedens. Deshalb darf Kirche sich nie zum Selbstzweck machen, sondern muss in all ihrem Tun auf das verheißene Ziel Gottes verweisen und damit über sich selbst hinausweisen.

Deshalb glaube ich

- eine die Menschen aufsuchende Kirche, in der die theologisch fragwürdige Hierarchie zwischen Priestern und Laien überwunden und das Priestertum aller Gläubigen neu eingeübt wird,
- eine Kirche, in der die Orientierung an den Gaben der Einzelnen wichtiger ist als die Erhaltung von Ordnungs- und Machtstrukturen und die deshalb auch eine von den Kindern lernende Kirche sein kann und die in ökumenischer Offenheit ein Profil der Vielfalt entwickelt,
- eine Kirche, die als ein Haus der lebendigen Steine eine Kirche mit einer geregelten und eingeübten Binnen- und Außenkommunikation ist und in der als einer eucharistischen Kirche die Trennung von Gottesdienst und Alltag überwunden wird,
- eine Kirche, die als wanderndes Gottesvolk niemals ihre Vorläufigkeit und ihr Ausgerichtetsein auf Gottes Reich des Friedens und der Gerechtigkeit vergisst.

ULRICH FISCHER,
LANDESBISCHOF DER EVANGELISCHEN LANDESKIRCHE IN BADEN

Gott, der mich längst gefunden hat

Ich glaube an Gott, den ganz Anderen.
Ich glaube an Gott, der ungeschaffen ist und geschaffen hat.
Ich glaube an Gott, an seine Allmacht und an seine Ohnmacht,
die beiden Pole seiner Liebe.
Ich glaube an Gott, den Schöpfer der Welten.
Ich glaube an Gott, der mich bei meinem Namen gerufen
hat am Anfang der Welt.
Ich glaube an Gott, der mich längst gefunden hat,
während ich ihn noch suche.
Ich glaube an Gott, dessen Ebenbild ich bin.

Ich glaube an Jesus Christus, durch den sich Gott ein weiteres Mal
in der Welt offenbart hat.
Ich glaube an Jesus Christus, der durch Gottes Entschluss weiterlebt und
am Tage des Gerichtes Fürsprache für die Gläubigen halten wird.
Ich glaube, dass Mohammed durch den Engel Gabriel Gottes Wahrheit
in der Welt erneuert hat.
Ich glaube, dass Mohammed am Tage des Gerichtes für die Gläubigen
Fürsprache halten wird.

Ich glaube an den Heiligen Geist, der sich in der Weltgeschichte offenbart
hat und sich immer wieder offenbart.
Ich glaube, dass meine evangelisch-lutherische Kirche ein Teil
des heiligen Geistes ist.
Ich glaube, dass es eine Gemeinschaft aller Gläubigen gibt.
Ich glaube an die besondere Nähe von Juden, Christen und Muslimen,
dass wir Geschwister sind.
Ich glaube an die Vergebung der Sünden.
Ich glaube an die Auferstehung der Toten.
Ich glaube, dass das ewige Leben heute durch Anbetung geschieht und
nach dem jüngsten Gericht in der Anschauung Gottes enden und
beginnen wird.

KNUT DOHRMANN, BLECKEDE

Gottes Symbol

Ich glaube und vertraue auf Gott,
universelle Lebenskraft und liebendes Gegenüber in einem,
Gott aller Völker mit unendlich vielen Namen.
Kraft, die alle Formen des Seins in sich vereint,
Urgrund aller Dinge, Ziel alles Daseins,
unfassbar und gleichzeitig Mittelpunkt meiner eigenen Seele.

Ich glaube an Jesus Christus, geboren als Mensch,
als Angehöriger des jüdischen Volkes.
Beispiel radikal gelebter und gelehrter Liebe,
der Liebe und Barmherzigkeit Gottes allen Menschen gegenüber,
unabhängig von ihrer Herkunft und ihrem bisherigen Leben.
Wegen dieser seiner Botschaft der Liebe verkannt, verlassen
und schließlich wie ein Rebell von den Römern gekreuzigt.

Jesus, ein Symbol für die Inkarnation Gottes im Menschen,
Symbol für das Leiden Gottes mit dem Menschen,
Symbol für das Ende des Leidens, Sieg über Tod und Verzweiflung
sowie die Hoffnung und Gewissheit eines Neubeginns inmitten der Nacht.

Ich glaube an die Energie des Heiligen Großen Geistes,
der sich keinem menschlichen Willen unterzieht,
der Wind, der weht, wo er will, unerwartet, chaotisch, göttlich –
belebende Kraft, die über die Grenzen menschlichen Vermögens
hinauswachsen lässt.

Ich glaube an die verbindende Kraft der Liebe zwischen allen Menschen,
an die heilende Kraft des Gebetes und der Vergebung und die Chance des
Neubeginns.
Ich glaube daran, dass die Energie der Seele nicht verloren geht,
sondern nach dem Tod neue oder andere Formen annimmt.

MARGITTA DILLENARDT, BERLIN

Was mir heilig ist

Ich glaube an Gott, Vater und Mutter aller Menschen,
der jedes Leben entstehen lässt und erhält.
Dieser Gott ist ein Gott der Liebe, dem wir Jesus aus Nazaret verdanken,
der ein Leben nach seinem Abbild führte.
Josef hieß sein Vater, Maria seine Mutter.
Ich glaube an diesen Jesus, der zu Gott »mein Vater« sagte
und in ihm den Vater aller Menschen, »unseren Vater« erkannte.
Er hat uns Christen den Weg gezeigt, den wir gehen können,
wenn wir uns für uns selber und für unsere Mitmenschen
verantwortlich fühlen.
Um den Auftrag Gottes zu erfüllen,
musste er sogar bis zum Tode am Kreuz gehen.
Er hatte eine wunderbare Mutter und auch gute Freunde,
die seinen Auftrag nie in Frage gestellt haben.
Ich glaube, dass Jesus nicht umsonst gestorben ist
und dass er mit uns das Fest der Auferstehung feiert,
überall, wo Gerechtigkeit siegt und Glücklichsein möglich ist.
Ich glaube an den Heiligen Geist,
der das, was unmöglich erscheint, möglich macht,
denn er schenkt uns die Kraft des Ausharrens und Durchstehens.
Ich glaube an die heilige katholische Kirche
und an jede weitere Religion, die mir auch »heilig« ist,
wenn sie am Reich Gottes baut, in dem jeder Mensch seinen Platz hat.
Ich glaube an das ewige Leben, das uns Hoffnung schenkt
und das Ziel meines Lebens nach dem Tod ist.

BERNADETTE BEYER, BRUCHKÖBEL

Mein Credo: Ein Rätsel

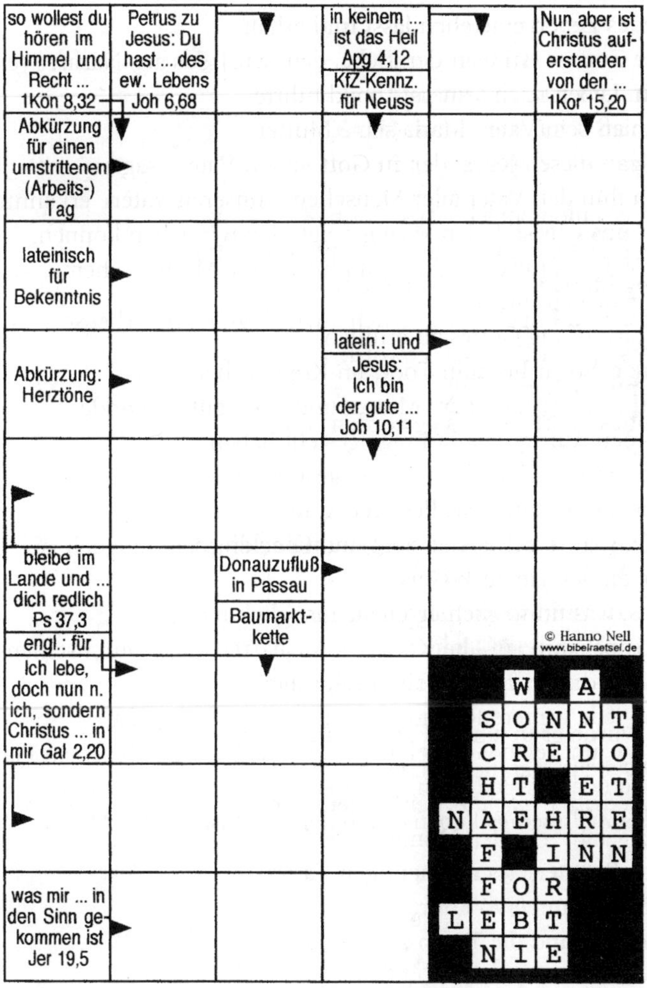

HANNO NELL, KUSTERDINGEN

Glaubens-Boogie

Ich glaube an den Herren Jesus Christ
und seinen Vater, der stets bei uns ist.
Ich glaube an den Heiligen Geist,
der uns in der Liebe unterweist.
Ich glaube an das Leben durch Jesu Tod,
denn die ganze Schöpfung lebt in Gott.

Gott sandte seinen eingebor'nen Sohn,
wollt' nicht länger sein auf einem göttlichen Thron.
So empfing Maria vom Heiligen Geist
und sprach zum Engel: Mir geschehe, wie dein Wort verheißt.
Und Gottes Wort ist Fleisch geworden
und hat unter uns gewohnt.
Durch Gottes Wort ist alles geworden –
das hat sich gelohnt!

Doch die Glaubenshüter wollten nicht,
dass Gott als eines Menschen Sohn zu ihnen spricht.
So schleppten sie ihn zu Pilatus hin.
Der verurteilte und so kreuzigten sie ihn.
Jesus Christus starb auf Golgotha,
war selbst in seinem Tod dem Schächer nah!

Begraben wurde er in einem Felsengrab,
und Pilatus stellte gar 'ne Wache ab.
Erstand am dritten Tag aus dem Totenreich
und ist aufgefahr'n in den Himmel gleich.
Er sitzt zur Rechten des allmächtigen Vaters
und er wird kommen von dort
die Lebendigen und die Toten zu richten –
hier und dort!

Und doch ging Jesus nicht so einfach fort;
treffen sich zwei oder drei in seinem Namen, ist er dort.

In deinem Nächsten findest du ihn heut,
liebe ihn wie dich selbst und schlichte jeden Streit.
Mach dich auf und folge Jesus nach
und halte die Erinnerung an ihn wach!

Gott will dir auch heute nahe sein,
will seinen Frieden bringen zu Groß und Klein.
Als Gottes Tochter und Sohn erben wir sein Reich
und seine Liebe gilt für alle gleich.
Einmal schauen wir seine Herrlichkeit,
darauf freue ich mich schon.
Gott, den Vater, Gott, den Heiligen Geist,
Jesus Christus, Gott und Menschensohn.

REINHARD BURCHHARDT, WARBURG

Auf dem Weg zu Gottes Harmonie

Ich verlasse mich auf Gott,
der jeden Menschen, so wie er ist, väterlich – mütterlich annimmt und der uns Menschen zutraut, verantwortungsvoll in und mit seiner Schöpfung zu leben.

Ich baue auf seinen Sohn Jesus Christus,
der uns vor ca. 2000 Jahren in Israel Gottes heilmachende Liebe zur Nachahmung vorgelebt hat und der uns durch sein Leiden, seinen Tod und seine Auferstehung die Zuversicht geschenkt hat, dass wir bei Scheitern und Verzweiflung nicht allein gelassen werden.

Ich vertraue darauf, dass der Heilige Geist wirkt, wo er will und man ihn lässt – trotz aller Behinderungen auch in den christlichen Kirchen – und dass Gott dereinst alle Lebenden und Verstorbenen, die es möchten, mit ihrem Wesen und Wirken in sein Reich einfügen wird, das er zur vollendeten umfassenden lebendigen Harmonie führen wird.

HILDEGARD MAY, WIEDENBRÜCK

Der Sinn unseres Lebens

Ich glaube an die Bildungsfähigkeit des Menschen zu einem sozial und ökologisch handelnden, mündigen Gemeinschaftswesen und daran, dass die Natur den Menschen nicht braucht, wohl aber der Mensch die Natur.

Ich glaube, dass der Sinn unseres Lebens in der größtmöglichen Entfaltung und Vervollkommnung der eigenen Persönlichkeit in größtmöglicher Harmonie und Verbundenheit zu unserer Mitwelt liegt.

RUDOLF KUHR, MÜNCHEN

Kirchen-Credo

Kirche
ist eine Be-Weg-ung.

bahnbrechend

Gottes Liebesbewegung
bricht neue Bahnen,
zündet
Feuer an
in den Nächten
von Krieg, Hass und Ungerechtigkeit.

Jeder Mensch, sofern er
nicht resigniert ist,
oder schläft,
ist bewegt!
von Frieden,
Gerechtigkeit
und Freude,
vom Leben,
von dem, was
Reich Gottes meint.

So kann
mit wachen mutigen
Menschen
Bewegung
in der Welt passieren,
ja, ich glaube fest,
sie könnten die Welt
bewegen; die, die ihm nachgehen,
die Weggemeinschaft der
Hoffenden,
die »verfasste
Hoffnungsbewegung«
der Menschheit,
die Kirche.

RALF ZNIDAR, AACHEN

Vater, Mutter, Urheber der Welt

Ich glaube
An *Gott* als liebenden Vater, liebende Mutter
Als Urheber der Welt, die uns anvertraut ist zur Bewahrung und Entfaltung
Und an Jesus aus Nazaret, uns geschenkt als *sein* Bildnis vom Menschen
In die irdische Geschichte geboren von der Mutter Maria
Zur Zeit des römischen Weltreichs
Der uns ein gültiges Beispiel gab für liebenden Umgang miteinander
Im Vertrauen auf *Gott*
Befreit von Angst, Missgunst, Unterdrückung und Ausbeutung
Und der dafür in Schande sterben musste nach dem Urteil der Mächtigen
Er aber wurde nicht vergessen von *Gott* und ist lebendig in uns Getauften
In der Gemeinschaft aller Hoffenden, in Kirchen und Religionen
Und im Gedächtnis aller Menschen guten Willens bis an das Ende der Zeit.

BRUNO BRUYERS, ISERLOHN-SÜMMERN

»Ich bin da«

Ich glaube an Gott,
der sich Mose offenbarte unter dem Namen
»Ich bin da«;
der durch sein Da-Sein
uns Hilfe,
Zuverlässigkeit,
Trost gewährt.

Ich glaube an Jesus Christus,
der uns den hilfreichen,
zuverlässigen,
trostverheißenden Gott nahebrachte;
der uns versicherte,
dass Gottes Da-Sein Gewähr ist
für dauernde Verbindung
zwischen Gott und den Menschen.

Ich glaube, dass der Geist Gottes wirksam ist,
auch heute in unserer Welt,
in vielen kleinen Dingen,
wie wir sie täglich beobachten können,
aber sicher auch im Großen,
obwohl es uns dort oft verborgen ist.

Ich bin da:
Das galt nicht nur für Mose
und die Kinder Israel,
sondern für alle Menschen.
Und damit machte Gott uns alle
zu seinen Kindern,
zu Menschen,
die zum Reich Gottes gehören.

BARBARA WAGNER, MÜLHEIM A. D. RUHR

Innig verbunden

Ich vertraute dem Leben, wie mein eigener Vater es mich gelehrt hat und deshalb habe ich nichts gegen die Vorstellung eines Vaters im Himmel.

Allmächtig ist er für mich nur insofern, als er die Kräfte des Lebens in seiner Hand hält, zu denen leider auch das Leid und der Tod gehört.

Und er ist gewiss der Schöpfer des Himmels und der Erde, des Gemüts und des Körpers, des Geistigen und des Irdischen.

Ich halte die Lehre von Jesus für wahr, im Sinne von wahrhaftig. Sie ist inspiriert von etwas, das man ruhig Heiliger Geist nennen kann, im Sinne einer geistigen Kraft, die Heil bringt.

Tröstend ist es, dass Jesus von einer Frau geboren wurde, die ihr Leben meistern musste, bis sie alt und grau war, und die unter Schmerzen geboren hat und den Lebensweg ihres Sohnes mit dem ganzen Herzen verfolgt hat.

Und auch dieser Jesus ist der Realität nicht ausgewichen, hat sich den römischen Herrschaftsverhältnissen gestellt, unter denen er gelitten hat und die ihn schließlich auch ans Kreuz gebracht haben.

Sein Körper ist also zerschunden worden und sein Geist ist aus ihm gewichen und hat die tote, fast unkenntliche Hülle zurückgelassen, so wie bei jedem Menschen, der stirbt.

Ich glaube, dass etwas von ihm überlebt hat, der Kern seines Wesens, dass er damit einen Weg frei gemacht hat für alle unsterblichen Seelen in uns hinein in eine Wirklichkeit, die die jetzige übersteigt.

Ich glaube, dass er vereinigt ist mit all diesen Seelen und mit Gott, den er seinen Vater genannt hat. Dort, gereinigt von allem Irdischen, erkennt er wahrscheinlich noch besser, was gut und was böse ist. Und wenn wir ihm einst begegnen, werden wir selbst spüren, was wir falsch gemacht haben.

Ich glaube daher daran, dass wir mit allen Menschen, die wir lieben, auf innige Weise verbunden sind. Dass, wenn wir uns dieser Gemeinschaft öffnen, vieles an und in uns wieder gut werden kann und wir Güte und Versöhnung erfahren.

Und das hilft uns zu leben, auch über den Tod hinaus.

ALEXANDER SCHWEDA, JOURNALIST, RIEDLINGEN

Credo-Gebet

Es liegt in seiner Hand.

Vermessen ist zu sagen, ich glaube an Gott. Wer kann sagen, ich glaub ihn, und wer, ich glaub ihn nicht. Vermessen ist zu verkünden: Gott. – Mach dir kein Bild von mir. Vermessen ist zu feiern: Gott. – Rede von mir nicht ohne Not.

Du bist bei mir, bist meine ruhende Mitte.
Du bist der Fluss meiner Erkenntnis, der Quell meiner Liebe.
Du bist mein Anfang und Du bist mein Ziel.

Träumtest mich als Deiner Schöpfung freies Kind, so wie Du Dir in Maria träumtest einen Sohn aus Josefs Geschlecht.

Du bist bei uns in Frau und Kind.
Du bist bei uns im Mahl der Gemeinde.
Du bist bei uns in Sorge und Widerstand.

In Jesus träumtest Du ein erlöstes Volk. Gelitten, gekreuzigt und begraben: vor Augen das unerreichte Land der Gerechten.

Wir erwachen mit Dir aus Dämmerung ins Licht.
Wir gehen mit Dir aus Elend in die Vollendung.
Wir finden mit Dir aus Tod in die Unsterblichkeit.

Auferstanden am dritten Tage. Sage den Brüdern: Fürchtet euch nicht und folgt mir nach, so seid ihr bedrängt doch nicht erdrückt, zweifelnd doch nicht verlassen, zerschlagen doch nicht verloren.

Erhebe uns in unserer Not.
Richte uns auf wo wir scheitern.
Erwecke uns in unserer Liebe.

Halt uns in Deiner Hand.

JOHANNES KINMAYER, SONNEN

Der Liebhaber des Lebens

Ich glaube an Gott,
den Liebhaber des Lebens;
der größer ist als mein Herz.
Ich glaube an Gott,
der beweglich und hörfähig ist,
vor dem ich so sein darf,
wie ich bin.
Ich glaube,
dass ich Gott nicht gleichgültig bin.
Ich glaube, dass Gott von Anfang an
war, ist und sein wird.

Ich glaube an Jesus Christus,
den Sohn Gottes und der Menschen,
den Liebhaber des vollen Lebens –
ohne Lähmung/Blindheit/Ausgegrenztsein.
Ich glaube an die Heilung
durch sein Sein und Handeln.
Ich spüre bei ihm
echte Betroffenheit und Bejahung.

Ich glaube an den Heiligen Geist,
der mir Beistand und Stütze ist.
Ich glaube an den Fürsprecher des Lebens,
wenn ich sprachlos bin und zu versinken drohe.

Ich glaube an den dreieinigen Gott,
der in Spannung und Vereinigung zulässt,
dass ich mich reibe, entferne, nähere ...,
um so zu werden,
wie ich nach seinem Ebenbild gestaltet bin.

ANGELIKA WOLTER, STEINFURT

Mein Credo – ein Versuch

Ich glaube an Gott,
den Namen für das,
was für uns heilsam unaussprechlich ist.
Kraft, Name, Tat, Treue, Begleiter, Vater und Mutter
dürfen wir es nennen,
um darin uns selbst immer
auf ein Größeres beziehen zu lassen.

Ich glaube mit Jesus Christus,
meinem Bruder,
der mir ein Begleiter und ein fortwährendes Bild der Liebe ist,
ein Mensch,
dem dieser Name »Gott«
als Vater ein Vertrauen gab,
das ihn ein Leben des Mutes und der Annahme anderer
ohne Grenzen leben ließ.
Ich glaube an die heilende Kraft seines Bildes
auch heute,
eine Kraft, die sich in der Gemeinschaft der Liebe verwirklicht,
ohne Grenzen und Ausgrenzung,
in einem Leben aus seiner Inspiration,
das sich nicht vom Tod irritieren lässt.

Ich glaube an die Kraft des Geistes,
der uns heiligt, indem er uns frei macht.
Ich glaube an den Geist,
der selber frei ist und weht, wo er will,
der mich neugierig und lebendig hält
auf seiner Spur,
zur Gemeinschaft der Liebe aller Menschen.
Ich glaube durch die Kraft seiner Schönheit
in der Natur, in aller Kultur und im Gesang des Universums.

Ich glaube,
dass er mich an Menschen weist,
die mit mir angewiesen sind
auf das Geheimnis dieser Kraft,
in der Weisheit von Vater und Mutter,
Sohn und Bruder, Schwester und Geist.
Das möchte ich glauben mit jedem Menschen,
ob er es so sagen kann oder anders,
heute und morgen auf unserem Weg.
Amen

DR. GOTTHARD FERMOR, BONN

Nach dem Paulusbrief an die Philipper

Ich glaube an Gott, den Vater Jesu Christi,
der seine Göttlichkeit Jesus schenkte.
In dieser Kraft Gottes kam Jesus zu uns.

Ich glaube an Jesus Christus, der, ob er auch wie ein König begrüßt wurde, nie königliche Macht in Anspruch nahm. Er kam, um zu helfen und zu dienen. In seinem Gehorsam gegen Gott lebte er wie jeder Mensch und teilte alles Menschliche mit uns, auch den Tod. In seiner Liebe zu uns ertrug er Verleumdung, Verrat und falsche Aussage, er ertrug Spott und Hohn unwidersprochen und Schläge und Verachtung, ohne sich zu wehren. Wir machten ihn zum Verbrecher. So starb er, aber seine göttliche Liebe zu uns blieb unverletzt.

Ich glaube an den Geist der Liebe Christi. In ihm ist Jesus erhöht und trägt den schönsten Namen: Heiland der Welt. In diesem Geiste werden alle vor ihm niederknien, welche Macht und Ehre sie auch besitzen. In diesem Geiste bekennen wir heute: Jesus ist der Herr, und glauben, dass dies die einzige, wahre Gottesverehrung ist.

MARIA-LUISE PFEIFER, HILLE

Ich vertraue Gott

Ich vertraue Gott,

dem Ursprung und Ziel aller Dinge.
dem auch ich mein Leben verdanke.

Ich vertraue ihm,

nach dem Vorbild des Lehrers Jesus von Nazaret,
wie er mir als Christus bezeugt ist von den Jüngern.
Geboren von einer Mutter wie ich,
missverstanden, verraten, gefoltert und hingerichtet,
hielt er an seinem Vertrauen fest bis in den Tod
und sagte sich nicht los von der Liebe zum Menschen.
So überwand er die Macht der Trennung und des Todes
und wurde zum Mittler zwischen Gott und den Menschen.

Ich vertraue darauf,

dass mir Gottes guter Geist in Christus begegnet,
dass er weiterwirkt in allen Menschen guten Willens,
dass er Gemeinschaft stiftet unter ihnen,
und ihnen alle Tage Umkehr und Neubeginn ermöglicht.
Dass alles, was in *seinem* Namen gelingt,
in *ihm* bewahrt bleibt und Anteil hat an
seinem unvergänglichen Reich.

EUGEN RÖDER, LEUTKIRCH

Was alles lebendig macht

(1)
Ich vertraue auf Gott,
denn ich lebe in Gott
und Gott lebt in mir.

Ich vertraue auf Christus,
denn er blieb nicht im Tod
und ist bei mir alle Tage.

Ich vertraue dem Geist,
der Gotteskraft,
die mich und alles lebendig macht.

(2)
Ich glaube,
dass Gottes Schöpferkraft
mich wachsen und reifen lässt
zum Guten.

Ich glaube,
dass ich durch Liebe und Leiden
mit Christus auferstehe
zum Leben.

Ich glaube,
dass Gottes Geisteskraft
mich mit allem verbindet
zu Gottes Reich.

MANFRED PETRI, KREFELD

Ich glaube anders

Ich glaube, dass es viel leichter ist, das auszudrücken, woran ich nicht glaube.

Ich glaube, es gibt unheimlich viele »Glaubenssätze«, an die ich so gerne glauben würde, aber leider ein Zweifler bin.

Ich versuche zu glauben an: Einen Gott, der gerecht ist gegenüber allen Menschen – gut oder böse.

Ich versuche zu glauben an: Ein Weiterleben nach dem Tod.

Ich glaube an: *Gott* (egal in welcher Form, Anzahl der Personen usw.)

Ich glaube an: *Gott* als einen liebenden Gott, der seine Vorstellungen von einer besseren Erde durch das Leben von *Jesus* zum Ausdruck gebracht hat als Vorbild, nicht als Sohn.

Ich glaube an: *Gott* der in verschiedener Weise in verschiedenen Religionen ständig versucht gegen das Böse zu siegen.

Ich glaube daran, dass die Welt besser wird, wenn die Menschen sich an *Gottes Gebote* halten.

Ich glaube daran, dass Gott in alle Religionen seine *Gebote* gelegt hat, dass diese Gebote jedoch von den Menschen falsch ausgelegt wurden/werden (zum Teil).

Ich glaube, dass wenn wir *Jesus* »echt« nachfolgen würden entsprechend den Seligpreisungen in der Bergpredigt und anderen Geboten, die er seinen ersten Gefolgsleuten (Männer wie Frauen) gab, der *Himmel auf Erden*, das *Paradies* entstehen würde.

BARBARA RUDOLPH, BALTMANNSWEILER

Energie

Gott
ENERGIE
Anfang und Ende
Jesus – Du bist die **LIEBE**
Geburt Tod Auferstehung
Heiliger Geist **ENERGIE** zum **L(I)EBEN**

INGEBORG SALZMANN, SULZBACH

Egal, wo wir sind und was wir tun

Ich glaube an Gott, den Vater, den guten Hirten,
Der immer bei uns ist und uns beschützt,
Egal, wo wir sind und was wir tun,
An dem wir uns in unserem Denken und Handeln orientieren,
Dem wir vertrauen können und der uns alle liebt.

Und ich glaube an Jesus Christus, seinen Sohn,
Der von Maria geboren wurde,
Er hat in seinem Leben viel Gutes getan
Und vielen Menschen geholfen.
Er beschützt die Armen und Schwachen.
Er ist für uns gestorben
und hat uns dadurch von unserer Schuld befreit.
Er ist auferstanden und zu seinem Vater zurückgekehrt.

Ich glaube an den Heiligen Geist
Der in unser Gewissen einkehren kann.
Durch ihn ist Gott immer bei uns
Und ich glaube, dass ich nach dem Tod bei Gott, dem Vater leben werde.

STEFANIE SCHMID, KONSTANZ

Maßstab für mein Leben

Ich glaube – das heißt: ich erkenne, vertraue auf und verlasse mich auf

Gott

der größer ist als mein Verstehen und Glauben,
der diese Welt und das (mein) Leben in ihr ermöglicht,
der uns Menschen Verantwortung für diese Welt
und das Leben in ihr übertragen hat.

Jesus Christus,

als den Menschen, in dem Gott sein Ziel mit uns Menschen
verwirklicht hat,
dessen Handeln, Reden und Sterben Maßstäbe für mein Leben setzt,
durch dessen Auferweckung meine Hoffnung Zukunft gewinnt.

den Heiligen Geist,

der wirkt, wo er will,
der Menschen begeistert,
der unseren Worten Kraft gibt,
der Menschen sammelt und sich einig werden lässt.

PETER SCHICKETANZ, GELTOW

Ich vertraue

Ich vertraue auf Gott, der die Welt erschaffen hat und der uns Menschen, die wir Teil Seiner Schöpfung sind, das Vertrauen zuspricht, mit ihr verantwortungsvoll umzugehen.

Ich vertraue auf Gottes Heilende Zuwendung, die wir in Jesus Christus erfahren.

Ich vertraue auf Gottes Wirken in seiner Schöpfung, durch das Er uns Menschen Zugänge zu Ihm, zu uns selbst und zu Menschen desselben, anderen und keinen Glaubens eröffnet.

HANS-CHRISTOPH GOSSMANN, IM NOVEMBER 1999

Der tiefste Grund

Ich bekenne mich zu Jesus von Nazaret,
der geboren wurde als ein Mensch wie wir,
und dennoch ist wie kein anderer:
Der mit Wort und Tat uns zeigt,
was unseres Lebens Sinn und Ziel ist.

Gegen die Gewalt der Selbstsucht
stellte er die Macht der Liebe
und starb darum am Kreuz.
Und doch ist er uns gegenwärtig,
wo sein Wort an uns ergeht,
wo sein Heiliges Mahl uns vereint
und wo ein Nächster Anspruch hat
auf unseren Dienst.

Ich bekenne mich auch zu dem tiefsten Grund
allen menschlichen Seins, zu Gott dem Schöpfer,
den Christus uns als Vater anzubeten lehrt,
der durch seine Gaben mich verpflichtet,
bei dem ich geborgen bin in der Zeit
und über die Zeit hinaus.

Ich hoffe auf die Kraft des Geistes,
der uns Menschen den Sinn Jesu geben kann;
der die Christusgläubigen eint,
und der in uns das Leben erweckt,
das unvergänglich ist.

HANS-LUDOLF PARISIUS, HANNOVER

Keine Illusion

Ich glaube an Gott,
den ich nicht begreife,
aber erspüre.

Ich glaube,
dass dieses Spüren keine Illusion ist,
sondern ein Wissen um meine Herkunft.

Ich glaube an Jesus Christus,
der wahrhaftig gelebt und gehandelt hat.

Ich glaube,
dass es in einer Gemeinschaft leichter ist,
in diesem Geist zu leben und zu handeln.

Ich glaube,
dass wir nach dem Tod
zu Gott zurückkehren.

ASTRID SCHMIDT, AUGSBURG

Urgrund des Seins

Gott ist für mich der Urgrund des Seins,
der Organisator im Spiel des Werdens,
der den Menschen in väterlicher Liebe
Freiheit und Verantwortung einräumt.

Gott hat in Jesus von Nazaret gezeigt,
wie wahres Menschsein aussehen kann,
wenn *Gottes* Geist zur Wirkung kommt.
Durch Jesus hat er den Mächten der Negation
und des Todes die Grenzen gewiesen
und allen Menschen Leben
vor und nach dem Tod eröffnet.

Gott hat mit der Kirche eine Organisation berufen,
die seinem Geist eine Form gibt,
die Gemeinschaft aller Menschen ermöglicht
und die Hoffnung auf Erlösung und ewiges Leben
durch die Zeiten hindurch aufrecht erhält gegen alle Widerstände,
bis *er* seine Schöpfung vollendet.

HUBERT MÜHLRATH, POXDORF

Meine Urkraft

Ich glaube an Gott
als eine Kraft,
die in den Menschen wohnt,
in mir, in dir, in allen.

Ich glaube an Jesus Christus
als einen Menschen,
der Gott in sich wohnen ließ.
Er war einer,
der die Menschen liebte,
der eine Welt voller Liebe wollte
und der dafür gestorben ist.

Ich glaube an den Heiligen Geist
als die Ideen Jesu,
die in uns weiterleben
und Frucht tragen,
für eine bessere Welt.

INGE WOLFS, MÜLHEIM

Ein nachapostolisches Bekenntnis

Ich glaube an Gott
der Liebe ist
den Schöpfer des Himmels und der Erde

Ich glaube an Jesus
sein menschgewordenes Wort
den Messias der Bedrängten und Unterdrückten
der das Reich Gottes verkündet hat
und gekreuzigt wurde deswegen
ausgeliefert wie wir der Vernichtung des Todes
aber am dritten Tag auferstanden
um weiterzuwirken für unsere Befreiung
bis dass Gott alles in allem sein wird.

Ich glaube an den heiligen Geist
der uns zu Mitstreitern des Auferstandenen macht
zu Brüdern und Schwestern derer
die für Gerechtigkeit kämpfen und leiden

Ich glaube an die Gemeinschaft der weltweiten Kirche
an die Vergebung der Sünden
an den Frieden auf Erden für den zu arbeiten Sinn hat
und an eine Erfüllung des Lebens
über unser Leben hinaus

DIESES CREDO, VERFASST VON KURT MARTI, WURDE VON LUISE GOSSNER, GÜNZBURG, EINGESANDT. IHR ERGÄNZUNGSVORSCHLAG:
STATT »SEIN MENSCHGEWORDENES WORT«:
»SEIN DURCH MARIA AUS NAZARET MENSCH GEWORDENES WORT«.

Offene Tür

Ich glaube an Gott
Schöpfer der Welt und
Gebärerin alles Lebendigen,
deren Heiliger Geist alles beseelt,

der uns Menschen geschaffen hat
nach seinem Bilde,
ausgerüstet zur Vollkommenheit und
erfüllt mit der Sehnsucht nach seinem Reich.

Ich glaube, dass Gott Mensch geworden ist
und in Jesus Christus unser Bruder.

Ich glaube an Gottes grenzenlose Zuwendung,
die uns auf unseren Wegen und Irrwegen begleitet
und uns Richtung gibt.

Ich glaube an die Auferweckung alles Toten und Erstorbenen
jetzt und immer.

Ich glaube an Gottes verbindende, bedingungslose Liebe,
die alle Geschöpfe umfasst und mich in ihren Kreis stellt.

Ich glaube, Gott schlägt die Tür zu seinem Reich nie zu.

CHRISTIAN WALTER, SCHWERIN

Die leere Tafel

»Gott ist wie eine leere Tafel, auf der nur steht,
was *Du* darauf geschrieben hast.«

Dies ist mein Credo.
Dieser Satz – oder so ähnlich – wird Martin Luther zugeschrieben.

ANITA LAPPAS, KRONBERG

Der Glaube an Vertrauende

Ich glaube an viele
verständige Frauen,
die im Chor die Logik
der Waffen verachten.

Ich glaube an Kinder,
die, im Augenblick
die Mutter erkennend,
lächeln vor Glück.

Ich glaube an Jugend,
die Neues beginnt,
vom Fremden bezaubert,
das Eigne gewinnt.

Ich glaube an den Mut
alternder Menschen,
der die Endangst besiegt.

Ich glaube an das Leben
unserer Verstorbenen,
das den Tod verwandeln wird.

Ich glaube an Vertrauende.

RENATE RESING, STEINFURT

Trotz allem!

Ich glaube an Gott,
als den Ursprung des Lebens,
die Quelle des Seins.

Ich glaube,
dass Gottes rettende Liebe
in Jesus Christus
Gestalt angenommen hat,
um uns in ihm
ganz nahe zu sein,
der für uns lebte,
kämpfte und litt,
den Kreuzestod starb
– und auferstand
in den Herzen
der Seinen.

Ich glaube
dass Gottes heilender Geist
Gerechtigkeit wirken will,
Versöhnung, Frieden
– wo man ihn aufnimmt
mit Freuden.

Ja,
ich glaube,
glaube an Gott
als den Ursprung des Seins,
der Liebe, des Friedens,
der heilenden Kraft ...

Ich glaube an Gott
– trotz allem!

ILSETRAUD BLOCK, GÖTTINGEN

Mein Lebensziel

Ich bin ein Geschöpf Gottes, der mich liebt. Mein Lebensziel ist nach dem Tod die Einheit in und mit Gott, meinem lieben Vater. In Jesus von Nazareth ist Gott Mensch geworden. Seine »gute Nachricht«, sein Leben und sein Tod am Kreuz sind unser Unterpfand der göttlichen Gnade. Der Geist Gottes wirkt in der Schöpfung, in der Entwicklung der Menschheit.

FRANZ SAUTTER, LEUTKIRCH

Ich bezeuge

Ich bezeuge *Gott* die allgütige Mutter,
die Urquelle von allem was ist und lebt.
Ich bezeuge den *Gott* Israels und des Juden Jesus,
der aus aller Sklaverei herausführt in die Freiheit seiner Söhne und Töchter.

Ich bezeuge Jesus, den Bruder, den vollkommenen Menschen,
den einzigen Mittler zwischen *Gott* und uns.
Er, der ewige Sohn, gab sich freiwillig hinein
in die Abgründe unseres Menschseins,
weil Er uns werden wollte der Weg, die Wahrheit und das Leben
zum Bund der Versöhnung mit dem Vater.
Ihn hat *Gott* zu neuem Leben herausgerufen aus dem Grab.
Seinetwegen wendet *Gott* der Welt immerdar Blick seiner Liebe zu,
Er ist der einzige Grund meiner Hoffnung,
dass die, die sich auf Seinen Weg machen,
mit Ihm leben werden heute und immer
im Haus des Vaters.

Ich bezeuge den Anwalt und Beistand,
der als schöpferische Kraft *Gottes* fortwährend Gemeinschaft stiftet,
eine Gemeinschaft, die den Armen die frohe Botschaft verkündet
die fröhlich *Gottes* Heilstaten feiert
und Sein Werk weiterwirkt durch Gerechtigkeit,
Frieden und Bewahrung der Schöpfung.

Ich bezeuge die Gegenwart Jesu des Christus,
wo immer zwei oder drei in Seinem Namen beisammen sind,
um Sein Wort, das Brot und den Wein, Seiner gedenkend,
miteinander zu teilen.

Ich bezeuge die Vollendung der endgültigen Herrschaft *Gottes*
am Ende der Tage,
das neue Jerusalem und ein Leben,
das kein Auge gesehen, kein Ohr gehört,
kein menschliches Begreifen erfasst hat,
das *Gott* denen bereitet hat, die Ihn lieben.

Amen. Ich bezeuge es.

GERTRUD LÜDIGER, BAD OEYNHAUSEN

Ich glaube an das Fragen und die Antwort.

Ich glaube, dass Leben Gespräch ist in Frage und Antwort

Wir sind einander zur Aufgabe gestellt
und keiner kann ohne die anderen existieren.

Ich glaube an Gott, die Liebe des lebendigen Lebens,
die uns annimmt noch in all unserer Finsternis
und uns trägt durch alle Brüche hindurch.

Ich glaube, dass wir unserem Leid
einen Sinn erwachsen lassen dürfen,
so dass es Frucht bringt uns und den anderen
wenn sein Zeit gekommen ist.

Ich glaube an die Aufgabe der Frage.

Ich vertraue, dass Antwort geschieht.

ANNETTE SCHMALDT, DARMSTADT

Vertrauen

Ich glaube an Gott,
den Schöpfer des Universums.
Ich vertraue ihm
und seiner schöpferischen Kraft,
die sich im Sein und Werden des Kosmos,
in der Geschichte der Menschheit
und in meinem Leben offenbart.

Ich glaube an Jesus Christus.
Ich vertraue ihm,
und seiner Botschaft
von Gott, der uns liebt,
vom Heil, das uns erwartet,
und von der Nachfolge,
zu der wir berufen sind.

Ich glaube an den Heiligen Geist.
Ich vertraue dem Geist
und der Kraft der Liebe,
die uns gegeben ist,
zur Begegnung mit Gott
und den Menschen,
und zur Gemeinschaft
mit der ganzen Schöpfung.

WALTER ROBERT EGLI, HURBACHE (FRANKREICH)

Die Dichte des Lebens

Die Macht der Liebe und des Lebens
ist mir Vater und Mutter.
Daher gibt es für mich letztlich keine Not
und keinen Grund zur Verzweiflung

Alle Quellen des Paradieses stehen offen für mich:
– frisches Wasser des Lebens und der Liebe,
– Zuhause- und Angekommen-Sein bei mir selbst und beim anderen,
– Genuss und Lebensfreude.

Ich fühle mich beschützt und begleitet auf meinem Weg,
der sich der Macht der Liebe und des Lebens öffnet und verpflichtet weiß.

Auch wenn ich einmal – wie jetzt gerade –
allein durch die tiefsten Tiefen gehen muss,
fürchte ich kein Unglück,
denn ich bin letztlich gehalten.
Und in allen Schmerzen und aller tiefen Trauer
gibt es Zeichen des Trostes und der Wegweisung.

Vor allen meinen Feinden, bedrohenden Mächten und Schatten
bleibt doch der Tisch des Paradieses vor mir gedeckt,
und ich brauche nur zuzugreifen.
Mit der einsetzenden Heilung
steht mir der volle Becher der Fülle wieder zur Verfügung.

Alles Glück und die Nähe der Liebe und die Dichte des Lebens
sind in mir präsent,
und ich bin angekommen – für immer.

(Nach Psalm 23)

VOLKER WARMBT, KREFELD

Das letzte Wort

Ich glaube an Jesus,
denn er war, was wir sein sollten:
ein wirklicher Mensch,
Diener und Bruder aller, die ihn brauchten.
Weil er liebte, musste er leiden.
Weil er so weit ging, musste er sterben.
Aber er starb nicht umsonst
und unterlag in Wahrheit nicht.
Er wird das letzte Wort behalten, und alle,
die Toten, die Lebenden und die Kommenden,
müssen sich messen lassen an ihm.

Ich glaube, dass mit Jesus ein neuer Geist in die Welt kam,
der die verfeindeten Menschen eine neue Sprache lehrt
und sich als Brüder erkennen lässt;
der uns ermuntert, den Aufstand der Liebe gegen den
Hass fortzusetzen;
der unser Urteil schärft, die Verzweiflung überwindet
und ein verfehltes Leben lohnend macht und erfüllt.

Ich glaube an den Schöpfer.
Denn durch Jesus erfahre ich, was Gott vermag.
So wie ich verdanken sich ihm alle Menschen,
auch wenn sie es nicht wissen.
So wie mich rief er die ganze Welt ins Dasein.
Ihm gehört sie, ihm sind wir verantwortlich
in allem was wir tun.

Nun bin ich einverstanden mit meinem Dasein und bejahe meine
Bestimmung, weiterzugeben was ich von Gott empfange.

GABRIELE KLINGHARDT, GÖPPINGEN

Glaubensbekenntnis 2000

Ich glaube an Gott, den Allmächtigen,
unsern Herrn,

den Schöpfer des Himmels,
der Erde und des Menschen.

Ich glaube an die Offenbarung Gottes
in Jesus Christus, seinen Mensch
gewordenen Sohn,
den unter Pontius Pilatus gekreuzigten
und zu Gott zurückgekehrten
Propheten des Herrn.

Ich glaube an die Kraft des Heiligen Geistes,
die Kraft der Heiligen Schrift,
die Kraft der christlichen Gemeinde,
die Vergebung der Sünden und die
Auferstehung der Seele in das Reich Gottes,
wo über sie gerichtet wird.

In folgendem Bewusstsein schreibe ich:
Durch die Geschichte dieser Welt wandert Gottes Volk von einer Erkenntnis zur anderen, als Gemeinde auf dem Weg.
Weder Martin Luther noch der Vatikan haben ein Weisheitsmonopol über das Christentum.
Auch ein Mensch der Jetztzeit, ohne Amt und Namen, kann von göttlicher Eingebung geleitet sein oder Einblick in den göttlichen Willen haben.
Es genügt nicht, die alte Glaubensformel mühsam aktuell zu halten und zu sagen, »das ist eben christlicher Glaube«.
Das Apostolische Glaubensbekenntnis bedarf dringend einer Reform.

HERBERT LIEDTKE, IDAR-OBERSTEIN

Kurz-Credo

Ich glaube an den Heiligen Geist,
der Herr ist und lebendig macht
und an Jesus Christus, die höchste
Emanation dieses Geistes!

HELMUTH ANDREAE, HAMBURG

Gott in drei Formen

Ich glaube an Gott,
der uns in drei Formen deutlich wird:

Gott Vater,
der die Welt erschuf
aus dem Nichts durch sein Wort,
den grenzenlosen Raum des Alls
mit Sonnen und Planeten,
die Erde, die Berge, das Meer,
den Mann und die Frau,
die Freude am Leben,
das Verlangen nach Wahrheit und Gerechtigkeit.

Jesus,
der lachte und weinte,
Angst und Freude empfand,
der allein sein wollte
und Geselligkeit suchte,
der Mensch war wie wir.
Er spielte nicht den Übermenschen,
öffnete sich den Menschen
und genierte sich nicht,
manchmal schwach zu sein.

Der Geist Gottes,
der uns hilft,
unsere Ängstlichkeit hinter uns zu lassen
und die Nähe Gottes spüren zu können,
der uns Weisheit und Fantasie,
Liebe und Begeisterung schenkt,
uns die Kraft gibt,
wieder aufzustehen und weiterzugehen
und den Mut,
jeden Tag neu anzufangen,
mit uns, mit Gott, mit den anderen.

EINGESANDT VON PFARRERIN SABINE NEUMANN, DORNBIRN (ÖSTERREICH).
DAS CREDO WURDE VON IHREN KONFIRMANDEN FORMULIERT.

Die Kraft des Geistes

Ich glaube an (Gott), *den* Heiligen Geist, Schöpfer und Teil alles Sichtbaren und Unsichtbaren, das er durch seine Kraft im Werden, Wandeln und Vergehen erhält.

Ich glaube an das Wirken des Heiligen Geistes in Jesus, der uns den Weg gewiesen hat, mit allem Sichtbaren verantwortungsvoll umzugehen und an das Unsichtbare vertrauensvoll zu glauben.

Ich glaube an das Leben in der Ewigkeit, der Zeit ohne Zeit, in der wir uns dereinst in der vollkommenen Bewusstwerdung im Geiste des Heiligen zu verantworten haben, der richten und vergeben kann.

UTA RIEMERSCHMID-VON RHEINBABEN, MÜNCHEN

Die Quelle des Lebens

Ich glaube an die Quelle des Lebens,
die ich Gott nenne,
die mich geschaffen hat,
so wie ich bin,
und an die göttliche Kraft,
die in meiner Seele lebt.

Ich glaube an die Quelle des Lebens,
die ich Gott nenne,
die meine Freiheit will,
die Entfaltung meiner Kräfte,
die Entwicklung meiner Möglichkeiten,
meine Art zu sein.

Ich glaube an die Quelle des Lebens,
die ich Gott nenne,
die mich begleitet,
mich wachsen und reifen lässt.

Ich glaube an die Quelle des Lebens,
die ich Gott nenne,
und ihre unermessliche Weisheit,
die mir Grenzen setzt
und das Vertrauen schenkt,
dass ich in ihr geborgen bin.

Ich glaube an die Quelle des Lebens,
die ich Gott nenne,
und die mir hilft zu leben.

ANNELIES REICHERT, LANGENHAGEN

Biblisches Glaubensbekenntnis

Ich glaube an den einen einzigen Gott. Den Vater, von dem her alles ist und auf den hin wir leben. *(1. Korintherbrief (Kor) 1,6)*

Ich glaube an Jesus, den Menschen, geboren von einer Frau, dem Herrn heilig erklärt. *(Galaterbrief (Gal) 4,4; Lukas-Evangelium (Luk) 2,23)*

Ich glaube an Jesus, den Christus, den Gott gesalbt hat mit heiligem Geist, *(Apostelgeschichte (ApG) 10,38)*

– der tief in der Sohnschaft Gottes war *(Matthäus-Evangelium (Mat) 3,17/11,27)* und auch uns zu Töchtern und Söhnen des Vaters gemacht hat, *(Johannes-Evangelium (Joh) 1,12; Römerbrief (Röm) 8,18; Gal 3,26/4,6)*

– der uns die Liebe gezeigt und geboten, *(Luk 5,43; 1 Joh 4,12)*

– der zum Frieden ermahnt, *(Luk 10,5-6)*

– der Kranke geheilt, *(ApG 10,38)*

– und Ausgestoßene angenommen hat. *(Luk 7,36 f.; Joh 8)*

Leiblich ward er zu Tode gebracht, geistlich aber hat Gott ihn zum Leben auferweckt. *(1 Petrusbrief (Petr) 3,18; ApG 10,40; Röm 4,25/10,9)*

Ich glaube an Gottes Barmherzigkeit und an die Vergebung der Sünden. *(Psalm 32/65,4; Markus-Evangelium 2,5; Röm 3,25)*

Ich glaube an den Heiligen Geist Gottes. Er hat uns Gewissheit gegeben, dass Gott die Toten zum Leben führt.

Ezechiel 37; Röm 8.11; 1 Thessalonicher-Brief 4,14

J. P.

Unendlich große Kraft und Gnade

Ich glaube an die eine göttliche Kraft,
die Leben und Tod, Werden und Vergehen umfasst
und alles mit Sinn erfüllt.

Daran, dass Jesus Gottes Sohn ist,
in dem Sinne, dass er die Menschwerdung dieser Kraft ist.

An den Heiligen Geist, der auch zwischen Menschen fühlbar ist
und uns an diesem höheren Sinn erinnert,
der aber auch alles Leben überhaupt erfüllt.

An die Kraft der Liebe Gottes und die Gnade Gottes,
die erfahrbar ist und Hoffnung
gibt und im Wesentlichen nicht anders ist
als die Liebe zwischen den Geschöpfen, nur unendlich viel größer.

DOROTHEE PALM, BONN

Frischer Wind

Ich glaube an Gott,
den Schöpfer der ganzen Welt.
Er tröstet uns, wie einen seine Mutter tröstet.
Aus seiner Vaterhand kann uns niemand reißen.

Ich glaube an Jesus Christus,
der sagte, fürchtet euch nicht, obwohl er Angst hatte,
der die Angst überwand und uns zum Leben ermutigt.
Er heilte zerstörte Menschen,
er zeigt uns den Weg, der uns heil macht.
Er blieb dabei bis zu seinem Tod am Kreuz.
Dieser Weg kann von niemandem zerstört werden.
Darum sagen wir: Aufstand, Auferstehung.
Seine und unsere.

Ich glaube an den Heiligen Geist,
der unserer Schwachheit aufhilft,
Frischer Wind in unserer Seele,
Aufatmen, Hören, Sehen, Schmecken – Freude.
Er kann uns großzügig machen, dass wir verzeihen lernen,
denn wir leben davon, dass uns verziehen ist.
Leben mitten im Tod, Leben trotz des Todes.
Endlich Leben.

(Für einen bestimmten einzeln konformierten Jungen formuliert)

WOLFGANG WIEDENMANN, HAMBURG

Deshalb vertraue ich

Ich vertraue Gott,
der die Welt nicht fertig geschaffen hat
wie ein Ding, das immer so bleiben muss.

Ich vertraue Jesus,
der durch Liebe aufersteht in unser Leben,
dass wir frei werden von Angst und Hass
und mit Verständnis und Toleranz
einander begegnen.

Ich vertraue dem Geist,
der mit Jesus in die Welt gekommen ist,
damit die Völker zu einer Gemeinschaft zusammenwachsen.

Ich glaube deshalb an die Möglichkeit eines sinnvollen Lebens
und die Zukunft dieser Welt.

DIETER WIETERSHOFER, KARLSRUHE

Glaubensgeschichten

Ich glaube an die Geschichte vom kleinen Korn,
das in die Erde fallen und sterben muss,
aber dann zum Lebensbaum und Lebensraum erwächst.

Ich glaube an die Geschichte von der Rose,
die den Winter braucht,
um zur vollen Blüte zu kommen
und die ohne Dornenkranz nicht leben kann.

Ich glaube an die Geschichte von dem Schmetterling,
der eine hässliche Raupe ist
und trotzdem die Vollkommenheit in sich spürt.
Eine schwache Vollkommenheit,
die bei Berührung zerfällt,
aber ins Leben führt.

Ich glaube an die Geschichte von Brot und Fischen,
die im Geringen satt machen können
und von der Kraft der Gemeinschaft erzählen.

Ich glaube an die Botschaft der Taube,
an die Mächtigkeit des Friedens.
Wir sind das Volk der Arche.

Ich glaube an die Geschichte von dem Lamm,
schwach, unschuldig,
und an die Geschichte von dem Löwen,
der Ketten zerreißt und Mauern zersprengt.

Ich glaube an die Geschichten von Befreiung, Hoffnung, Liebe,
an einen Anfang im Ende.
Ich glaube an Schöpfer Gott, Bruder Jesus, Wind Geist.

SISSY MAIBAUM, HÖRSELGAU

Hier kann ich Kind sein

Ich glaube an Gott, meinen Vater!
Hier kann ich immer Kind sein, unvollkommen, frei, offen und gefühlvoll. Keine Entscheidung muss ich allein treffen. Ich verstehe meinen Vater nicht immer, aber meine Kinder verstehen mich auch nicht immer, obwohl ich nur Gutes für sie will.

Ich glaube an Jesus Christus – seinen Sohn und meinen Bruder!
Wie schön ist es einen Bruder zu haben – auf den man die Schuld »schieben« kann – und der sie auch auf sich nimmt. Es wird so leichter Schuld zuzugeben.
Ich muss es nicht allein tragen.

Ich glaube an den Heiligen Geist, der es vermag mich zu begeistern. Dadurch bekomme ich Kraft, Mut und Liebe mein Leben und den Alltag zu meistern und meinen Kindern von meiner Begeisterung zu erzählen und sie ihnen erlebbar zu machen.

Ich glaube an die Kirche, solange sie christlich und begeistert ist, an das Haus Kirche, in dem ich jeden sichtbaren Zentimeter kenne, in dem mich nichts mehr ablenkt oder erschreckt und ich Ruhe finden kann, an den Pfarrer – der »außerfamiliär« meinen Glauben hinterfragt und Ansprechpartner ist, wenn ich meinen Vater nicht verstehe, an die Institution, die mir Glauben leben leicht macht (vielleicht zu leicht?!). Aber ich genieße es, nicht immer und unbedingt wegen meines Glaubens zu kämpfen.

Ich glaube an das ewige Leben.
Wie sonst kann ich Kindern das Leben schenken und ihnen später Freiheiten geben, wenn ich sie irgendwann für immer allein lassen müsste?!

KATRIN DÄẞLER, WILSDRUFF

Faszinierende Aspekte des Credo-Projektes

VON HANS-ANTON EDERER

Sozial engagierten Christen, die den überlieferten Glaubensformeln kritisch gegenüberstehen, wird von den Traditionschristen meist vorgeworfen, sie kümmerten sich zu wenig um den Glauben und seine unverkürzte Weitergabe. Sie gäben dem sozialen Handeln den Vorrang und verkürzten den Glauben wort- und bildlos etwa nach dem Vorbild Albert Schweitzers auf die Linderung sozialer Not. Melden sich kritische Christen aber wie im Credo-Projekt von *Publik-Forum* zu Wort, um in der Sprache ihrer Zeit ein persönliches Bekenntnis ihres Gottesglaubens oder ihrer Jesus-Nachfolge zu formulieren, sei das »ökumenisch höchst bedenklich«, wie beispielsweise der Geschäftsführer der Kommission der Orthodoxen Kirchen in Deutschland, Nikolaus Thon, meint, oder wie der römisch-katholische Pfarrer Josef Tenhumberg schreibt: »Ihr Credo-Projekt ist theologisch singulär und damit ein Witz, eine Zumutung für Redlichkeit in der Kirche, eine nicht hinnehmbare Eskapade, ein weiterer Schritt in der Spaltung der katholischen Kirche.«

Theologisch singulär – Einzelstimmen ohne allgemeine Bedeutung – sind die tausende Einsendungen persönlicher Bekenntnisse und Kurzformeln des Glaubens keineswegs! Im Sinne der Jesu-Worte im Johannes-Evangelium »Wer mich vor den Menschen bekennt, den werde ich auch vor dem himmlischen Vater bekennen« macht Publik-Forum solche Bekenntnisse, aber auch Texte des Zweifels und der Verzweiflung, einer breiteren Öffentlichkeit zugänglich.

Solche Bekenntnisse laden in all ihrer Brüchigkeit und Unvollkommenheit zum Gespräch und zur Nachahmung ein. Ein breiter Gedankenaustausch über den Glauben zwischen den Zeitgenossen ist kein Witz, kein Lächerlichmachen des Glaubens, sondern ein seriöses Zeichen persönlicher Redlichkeit und des ökumenischen Bemühens. Vor der Neuformulierung des Glaubens in der Welt von heute zeigt man Angst und wittert die Gefahr der Glaubensverfälschung. Die Ablehner einer Neuformulierung in der Sprache der Zeit übersehen dabei die Notwendigkeit der Glaubensweitergabe überhaupt. Wer die Weitergabe will, muss über das Wie diskutieren können.

Hans Küngs Anregung zu einem Glaubensbekenntnis in zeitgemäßer Sprache im Publik-Forum-Dossier, dem Auftakt des Credo-Projektes, hat für mich zwei interessante Aspekte:

- Seine Neuformulierung orientiert sich an traditionellen Bildern und ist gleichsam eine sprachliche Bildinterpretation. Glaubensbilder der Renaissance werden mit zeitgenössischen Worten erklärt. Wer weiß, dass die Kunst der Renaissance ohne die Tradition der Glaubensbilder der orthodoxen Ostkirchen undenkbar ist, kann die ökumenische Tragweite der von Publik-Forum initiierten publizistischen Credo-Projekte erahnen. Es geht darum, den uralten Christenglauben der Vergangenheit mit Worten und Bildern wieder in aller Breite »gesellschaftsfähig« zu machen und ihn aus der Nische der Kirchentreuen zu holen. Und dies in vielfältigen Formen. Der Vielfalt des sprachlichen Ausdrucks könnte ein Projekt der Vermittlung vielfältiger Glaubensbilder folgen. Beispiele modernen Kirchenbaus gibt es. Auch die Glaubenssymbole Krippe und Kreuz gibt es in zeitgenössischer Bildsprache.

Nicht nur Ikonenmaler, sondern jetzt auch Credo-Schreiber verwirklichen auf je eigene Art den Zweizeiler von Angelus Silesius:

»Wird Christus tausendmal zu Bethlehem geboren und nicht in dir, du bleibst noch ewiglich verloren.«

Die Neuformulierung des Credos ist gleichsam eine Form der »Fleischwerdung« des Wortes Gottes in den Herzen der Menschen und eine lebendige Bewahrheitung der biblischen Botschaft, dass sein Wort unter uns wohnt.

- Das Spannungsverhältnis zwischen der Vielfalt der Glaubens-Interpretationen und den traditionellen Normen ist der zweite faszinierende Aspekt des Credo-Projekts.

Bereits im ersten Credobuch hat Peter Rosien bei seinem Versuch, die eingesandten Credos nach gewissen Kategorien zu ordnen, festgestellt: Die meisten der Einsender halten sich an die Reihenfolge der Glaubenssätze im sogenannten Apostolischen Glaubensbekenntnis. In Begleitschreiben erklären viele, dass sie mit den Inhalten des traditionellen Credos Schwierigkeiten hätten, es zu verstehen und zu beten. Mehr Mühe als angenommen hätte ihnen die persönliche Formulierung des überlieferten Glaubens in eigenen Worten gemacht. Für alle, die es versuchten, wurde es aber zu einer lohnenden Sache der gläubigen Selbstverständigung. Auch jene, die formal von der überlieferten Form abweichen, greifen ganz andere Formen auf wie Textbilder in der Form des Kreuzworträtsels oder dreieckiger Computergrafik. Abweichungen von der Formel der Dreifaltigkeit Gottes betonen inhaltlich zumeist einen Aspekt der Sinnfülle des Glaubens und des letztlich Unbegreiflichen des göttlichen Geheimnisses. Interessanterweise enthalten viele neue Bekenntnisse auch Begründungen oder Motive, warum man etwas glaubt oder nicht. Diese Motive und Begründungen bieten Anhaltspunkte für Einteilungs- und Unterscheidungsmerkmale des Credos.

Peter Rosien entdeckte bei seinem Versuch für das erste Credo-Buch 18 Kategorien. Es sind wahrscheinlich mehr. Bei der Durchsicht der inzwischen in sechs dicken Aktenordnern gesammelten Credos gibt es, berücksichtigt man auch die oft aufschlussreichen Begleitschreiben, Hinweise auf sämtliche mir bekanten Glaubensinhalte und deren Irrtümer aus der christlichen Glaubensgeschichte. Denn nicht nur das Glauben und Vertrauen ist menschlich, sondern auch das Misstrauen und Irren. Eines aber kann man den Credo-Schreibern insgesamt nicht unterstellen, dass sie Ihre Neuformulierung als Neufindung des Glaubens verstehen. Die bleibt für alle immer ein Teil oder Aspekt der geoffenbarten Überlieferung, auch dann, wenn man sie ablehnt. Dies bestätigt zwei Thesen des von Rom als »Modernisten« verurteilten englischen Jesuitentheologen George Tyrrell. Diese Thesen lauten:

Erstens: Jede neue Religion fußt auf einer alten.

Zweitens: Die Gesamtheit gläubiger Zeugnisse ergibt eine Unfehlbarkeit im Glauben und sichert sie.

Die erste These ist heute für den Dialog der christlichen, abrahamistischen und »adamitischen« Ökumene eine selbstverständliche Grundbedingung.

Die zweite These hat Hans Küng in seiner immer noch umstrittenen Anfrage »Fehlbar?« über das römisch-katholische Dogma von der Unfehlbarkeit des Papstes aktualisiert. In dem nach wie vor für die christliche Ökumene aktuellen Buch stellte Küng – wie vor ihm George Tyrell – der päpstlichen Unfehlbarkeit die Unfehlbarkeit der Gläubigen in ihrer Gesamtheit zur Seite. Damit wird die Unfehlbarkeit des Papstes in Glaubens- und Sittenfragen als solche nicht bezweifelt oder in Abrede gestellt, aber in einem Zusammenhang mit der Kompetenz der Gläubigen gesehen. Glaubensgewissheit gibt es daher nicht nur beim Papst und seinen amtlichen Entscheidungen in Lehrstreitigkeiten. Glaubensgewissheit gibt es auch in der Gemeinschaft der Christgläubigen, bei synodalen Versammlungen, im Lesen der Schrift, in der Predigt, dem gläubigen Sprechen miteinander und im Gebet. Das Gesetz des Betens war immer ein Gesetz des Glaubens und des Bekennens. Das Bekenntnis des Petrus »Du bist der Sohn des lebendigen Gottes!« auf die Frage »Für wen halten die Leute den Menschensohn?« stammt ja nach Aussage des Evangeliums auch nicht aus dem »Fleisch und Blut«, also nicht aus Petrus selbst, sondern weil es der »Himmlische Vater« ihm geoffenbart hat. Und der Geist Gottes weht wo er will. Offenbarungen und gläubige »Aha«-Erlebnisse gibt es, wie es einige möchten, nicht nur beim Lesen des römischen Weltkatechismus oder päpstlicher und anderer kirchenamtlicher Verlautbarungen, sondern auch bei vielen Formulierungen des Credo-Projekts. Publik-Forum legt hiermit eine erneute Auswahl dieser Formulierungen vor und setzt damit eine uralte lebendige Glaubenstradition zum Nutzen christlicher Ökumene fort – letztlich aller Menschen gleich welcher Fasson.

In der Abstimmung des Verhältnisses zwischen Glaubensnorm und aktuellem Glaubensvollzug offenbart sich für mich als Leser der sechs Aktenordner mit den Glaubensbekenntnissen ein dritter faszinierender Aspekt des Credoprojekts:

1) die Grenze zwischen Glauben und Nicht-Glauben-Können
2) die Grenze zwischen Glaubenswahrheit und Glaubensirrtum
3) die Grenzen menschlichen Sprechens in Raum und Zeit

In ihren Begleitbriefen geben die Credo-Einsendungen zumeist sehr genau an, warum sie diese oder jene Formulierung der traditionellen kirchlichen Überlieferung nicht glauben oder ihr nicht vertrauen können. Zudem welche Erfahrung, welches Wissen, welches weltanschauliche oder philosophische Vorverständnis der Annahme einer Glaubenswahrheit widerspricht, die in einem Welt- und Menschenbild der Vergangenheit überliefert wird. Einige schreiben sogar Anti-Credos. »Ich glaube nicht an ...« Sie sind gleichsam Vertreter der *negativen* Theologie, die die Größe, Erhabenheit und Unbegreiflichkeit Gottes zu verstehen versuchen, indem sie genau aufzeigen, was Gott *nicht* ist und was nur vom Menschenhirn erfundene Gottesbilder sind. Sie stützen nur die *positive* Glaubensvorstellung, das Gott letztlich unanschaulich und unbegreiflich ist und das der Glaube kein eigener Verdienst, sondern ein Gnadengeschenk Gottes ist. Ganz im Sinne des Wortes von Karl Rahner über die Hierarchie der Wahrheiten entkleiden sie die christliche Überlieferung von vergangenen Denkmustern (z. B. Jungfrauengeburt, mittelalterliche Biologie, Himmel- und Höllenfahrt Jesu), um die ewige Wahrheit Gottes im modernen Denkhorizont gläubig annehmen zu können. Es geht bei den meisten Credos um die Ermöglichung einer gläubigen Praxis und nicht um ein verständnisloses Nachplappern dogmatischer Formeln. Es geht um den »Glauben, der in der Liebe wirksam ist« (Gal 5,7). Nur jene könnten Brüder und Schwestern Jesu genannt werden, die nach dem Willen Gottes handeln (Mk 3.31-35).

Auch Goethes Devise in Faust I über die Religion: »Namen sind Schall und Rauch, Gefühl ist alles«, scheint das Leitmotiv vieler Einsender zu sein. Einige meinen, innerste religiöse gefühlsmäßige Überzeugung lässt sich nicht in zeitgemäßer Sprache ausdrücken. Seltsamerweise stimmen sie mit jenen überein, denen das überlieferte Glaubensbekenntnis in seiner Überlieferung heilig ist und die deshalb nichts an ihm ändern wollen. Sie sind ängstlich bedacht, nicht in Irrtum und Unglauben zu verfallen. Sie wollen das Talent des Glaubens nicht in das Spiel dieser Welt bringen, es ist ihnen zu wertvoll!

Aber was dann, wenn man/frau das Überlieferte mehr missversteht als versteht, wie formuliert man dann sein Glaubensgefühl, seinen Glaubenssinn.

Verliert man da wirklich den Glauben, oder braucht man dazu als Orientierung nicht wieder die historisch formulierten missverständlichen Glaubenslehren, die missverstandene kirchliche Dogmatik?

Es stellt sich erneut die Frage nach einer Grenze. Der Grenze zwischen Glaubensirrtum und Glaubenswahrheit. Schließlich sind alle kirchlichen

Dogmen aus Streitigkeiten über die Glaubenslehre entstanden. Es sind Abgrenzungen gegenüber Irrtümern eines jeweiligen Zeitgeistes. Jedes Dogma grenzt an Irrtum. Oder wie Karl Rahner immer wieder betonte: »Jeder Satz ist vom Irrtum bedroht, auch (dogmatische) Glaubenssätze.« Denn die menschliche Sprache ändert sich mit der Zeit, in Form und Inhalt. In einem anderen Zeithorizont kann vielleicht besser und muss einiges um der Wahrheit willen anders gesagt werden. Es kommt auf den zeitlichen und räumlichen Zusammenhang an, in dem gesprochen wird. Rahner, der öfters gefragt wurde, ob er glaube, dass Jesus der Sohn Gottes ist, sagte immer »Ja«, aber fügte immer hinzu: »Was heißt das? Was bedeutet mein Bekenntnis?« Ist Jesus ein irdischer jüdischer König, ein ägyptischer Pharao oder der Kaiser von Japan? Alle diese Herrscher trugen bzw. tragen den Titel Sohn Gottes. Im Zusammenhang der christlichen Glaubenstradition heißt die Antwort eindeutig: Nein, Jesus ist dieses nicht. Ohne Zusammenhang, ohne Kontext ist jedes menschliche Sprechen irrtumsbedroht oder kann zur Lüge entarten. Um den Inhalt des Gesagten in der anderen Sprache korrekt wiederzugeben, kann oft nicht direkt übersetzt werden; man muss Worte und ganze Sätze umstellen, um das Gleiche zu sagen. Sprachen unterscheiden sich ja nicht nur in der Phonetik, sondern wesentlich in der Wortwahl und in der Grammatik. Dolmetscher kennen das Problem der Übersetzung von einem Sprachzusammenhang in den anderen.

Menschliche Glaubensbekenntnisse sind immer begrenzt und an Raum und Zeit gebunden. Die meisten an *Publik-Forum* eingesandten Credos kommen selbstverständlich aus dem deutschen Sprachraum, einige kamen auch aus Holland, Frankreich und Großbritannien. Sie sind sozusagen auf den Traditionskontext des christlichen Abendlandes begrenzt. Das christliche Morgenland scheint das Credo-Projekt nicht zu verstehen, oder es ist ihm zu gefährlich und grenzt zu sehr an charismatisches Zungenreden, das allgemein nicht üblich und verstanden wird. Es stellt sich die Frage der Inkulturation des Evangeliums im deutschen Sprachraum für das dritte Jahrtausend, aber auch in anderen Kulturräumen, beispielsweise in China. Der evangelische Theologe von Taiwan Timothy Yong-Xiang Liau interpretiert die christliche Glaubenslehre vom dreifaltigen Gott aus einer taiwanischen Perspektive so:

Im traditionellen chinesischen Denken könnte man das Konzept des »ch'i« mit dem Heiligen Geist im christlichen Glauben gleichsetzen. Der heilige Geist »ch'i« würde »jang« (Himmel) mit »yin« (Erde) vereinen. Und zwar auf Grund der Heilstat Gottes in Jesus Christus durch Menschwerdung. Im Blick auf Tod und Auferstehung verbindet er Jesus mit dem irdischen Prinzip und Gott-Vater mit dem Himmel. Die Kurzformel des Glaubens wäre dann: Ich glaube »an Gott, Yang (Himmelvater), Yin (Erdenmutter-Sohn) und Ch'i (Heiliger Geist)«.

Dies ist eine interessante Sichtweise und eine gute Anregung für ein geistliches Gespräch oder einen interreligiösen Dialog. Es macht uns die Grenzen unseres menschlichen Glaubensverstehens bewusst, ermutigt zu Grenzüberschreitung, weil Gott immer größer ist als unser Glaubensbekenntnis und unser Tun und Lassen. Das Durchlesen der vielen Credos war zwar mühsam, aber eine große spirituelle Bereicherung. Ich möchte auch jenen danken, deren Credo nicht veröffentlicht wurde. Gott, der Hüter alles Guten, der das Verborgene sieht, möge ihnen die Mühsal des Bekenntnisses in seiner Gnade reichlich lohnen.

woran ich nicht und doch glaube

ich glaube nicht an die Bibel	–	aber ich glaube an die Kraft und Lebendigkeit der Botschaft Jesu, die sie zum Ausdruck bringt
ich glaube nicht an die sich jährlich wiederholende Karfreitagsliturgie	–	aber ich glaube an den Tod und die Auferstehung Jesu, der uns so Hoffnung und Zuversicht gibt
ich glaube nicht an stundenlange monotone Rosenkränze	–	aber ich glaube an die gut-tuende Nähe Gottes im Gebet und den daraus entstehenden intensiven Kontakt zu ihm
ich glaube nicht an den unumstößlichen Katechismus	–	aber ich glaube an nachvollziehbare Worte Jesu, die mir helfen im Leben zurechtzukommen und die für mich verständlich sind
ich glaube nicht an moralische Predigten von Männern die alles besser wissen sowieso	–	aber ich glaube an die Taten der Menschen, die aufstehen, etwas unternehmen, aktiv werden ohne sich einschüchtern zu lassen oder zuerst an ihre eigenen Vorteile zu denken
ich glaube nicht an Probleme und Schwierigkeiten, nicht an Gewalt, Verbrechen oder Unmenschlichkeit	–	aber ich glaube an Gott als gute Mutter und guten Vater für alle Menschen auf dieser Erde – an ihn dürfen wir uns immer wenden, er lässt uns nie alleine
ich glaube nicht, dass unser christlicher Glaube ohne Zukunft ist	–	denn ich glaube an die Träume, Sehnsüchte und Wünsche vieler Menschen – an ihre Stärke, Ausdauer, Kreativität – und an die aufbrechende und alles lebendig machende Kraft des Heiligen Geistes

RALF SAUER, WÜRZBURG

Gottes Erwartung

(in Anlehnung an das Glaubensbekenntnis von D. Bonhoeffer)

Ich glaube, dass Gott aus allem Gutes entstehen lassen kann und will.
Dafür braucht er uns Menschen, so wie einst Jesus Christus.

Ich glaube, dass Gott uns dazu in jeder Lage die notwendige Kraft und Hoffnung geben wird.
Dazu braucht er unser wachsendes Vertrauen.

Ich glaube, dass vor Gott unsere Fehler und Irrtümer nicht vergeblich sind, wenn wir uns aus Einsicht ändern wollen.
Dazu braucht er unsere wachsende Verantwortung vor der Schöpfung.

Ich glaube, dass Gott auf unsere Gebete und unsere Dienste zur Bewahrung der Schöpfung wartet.
Dazu braucht er eine wachsende Gemeinschaft aller Christen.

DIETRICH WEISSKER, BERLIN

Leben und leben lassen

Ich glaube
an eine göttliche Macht,
die Liebe heißt
und in allem Lebendigen ist,
eine göttliche Macht,
die mir Vater und Mutter ist,
die mir Heimat und Zuhause ist.

Ich glaube an ein Paradies,
das entsteht,
wenn die Gesetze des Lebens
wieder Gültigkeit erlangen:
Leben und leben lassen.

Ich glaube
an eine göttliche Macht,
die mir Kraft gibt,
die mich zum Dialog auffordert,
die mir Anstöße gibt
für Frieden und Gerechtigkeit
einzutreten
so wie Jesus Christus es
vor vielen Jahren tat
und es bis zum heutigen Tag
viele Menschen tun.

Ich glaube an die Heiligtümer der Natur,
an Mutter Erde,
an die Quellen erfrischenden Wassers,
an die Energien
von Feuer und Sonne,
an den Wind
und an seine Bewegungen
und an alles, was lebt.
Das sind für mich
die Wunder der Welt.

MONIKA VINKE-HUNDSDÖRFER, BAD HONNEF

Ich lebe, weil ich vertraue

Ich vertraue meinen Eltern, auf die ich immer wieder zurückgreifen kann.
Ich vertraue auf die schützende Hand Gottes, seine Macht, über Gut und Böse zu richten, und auf die Erhaltung seiner Schöpfung.
Ich vertraue auf meine Zukunft, die immer von Gerechtigkeit und Freiheit geprägt sein soll.
Ich vertraue darauf, weil Jesus es vorgelebt hat.

KASMI SEGABALUSA, GYMNASIUM KREUZHEIDE

An wen ich glaube

Ich glaube an den einen Gott,
den Allmächtigen,
den Herrscher über Himmel und Erde,
den Gestalter ohne Gestalt.

Ich glaube an Jesus Christus,
den *er* gesandt hat
zu unserer Erlösung und als Zeichen
des Weges, der Wahrheit und des Lebens.

Ich glaube an den Heiligen Geist,
den Geist der Weisheit und der Erkenntnis,
den Geist der Stärke und der Kraft,
den Geist der Verständigung
aller Völker untereinander.

Und
ich glaube an mich,
denn ich wurde geschaffen
durch seinen Liebesstrom,
der mich ins Leben warf.

Und
ich glaube an dich.

VIUVA TORNOW, LAUF

Gott ist bei mir

Ich glaube, dass ich nie allein bin, Gott ist bei mir.

Er hat alles gemacht, auch mich.

Ich glaube, dass Gott diese Welt in seinen Händen hält.

Er hat seinen Sohn auf die Erde gesandt. Ich glaube, dass Jesus Christus Gottes Sohn ist, um mich zu erlösen von Sünde und Schuld. Darum wurde er ans Kreuz geschlagen und durchschritt das Reich der Toten. Er ist wahrhaftig auferstanden und mein Bruder.

Ich glaube, dass ich auch unter den Menschen nicht allein bin, denn um mich herum besteht die große Gemeinschaft der Kirche, in der Menschen leben, die Gott liebt. Ich glaube universal, Gott liebt alle Menschen. Sie sind überall, in allen Ländern der Welt, in allen Erdteilen, in allen Rassen, zu ihnen gehöre auch ich.

Ich glaube, dass wir Menschen alle zusammengehören, obwohl uns vieles in kultureller und religiöser Beziehung noch trennt.

Ich glaube, dass ich niemals so weit von Gott weglaufen kann, dass es keinen Rückweg zu dem dreieinigen Gott gäbe.

Ich glaube, dass Gott für mich das Leben will und nicht den Tod.

Gott ist die Liebe, die mir durch Jesus bewusst geworden ist, die in mir und durch mich in die Welt ausstrahlen soll und darf und mich zum caritativen Handeln beruft und fähig macht.

Lobe den Herrn, meine Seele, und danke dem Herrn, der dich führt durch Not- und Leidenszeiten zur Geborgenheit in seiner Liebe.

CÄCILIE RÖSSNER, BAD BRAMSTEDT

Vertrauen, Güte und Liebe

Ich vertraue auf Gott, unseren heiligen Vater,
und auf Jesus Christus, heilig und würdig Gottes Sohn zu sein,
gezeugt in Liebe, geboren von Maria, der guten Frau,
gelitten unter Pontius Pilatus, gekreuzigt, gestorben und begraben,
den Jüngern geistig erschienen und vom Vater aufgenommen in Herrlichkeit.
Ich vertraue auf eine Gerechtigkeit nach dem Tode,
und auf die Religionsgemeinschaften, welche in Güte und Liebe,
Gott vertrauend, alle Menschen zum Heil, zur ewigen Heimat,
zum einen Gott, führen möchten. Amen

OTTO BÜRGER, VELBERT-LANGENBERG

Woran ich (nicht) glaube

Ich glaube nicht

an die Götter in Weiß, die die Gene ändern und
das Leben manipulieren, aber nicht verlängern können

an die Politiker, die uns ein schöneres und besseres Leben versprechen,
aber nicht geben können

an die Werbung, die uns neue Lebensqualitäten vorgaukelt,
die Versprechungen aber nicht erfüllen kann

Ich glaube an den barmherzigen Gott, der für mich ein guter Vater und eine liebende Mutter ist, der meine Freuden mit mir teilt, der mir in Leid, in Kummer und Not beisteht, mich tröstet und am Ende meines Weges mit offenen Armen auf mich wartet.

JOHANN LINSMEYER, WOLFPASSUNG (ÖSTERREICH)

Mein derzeitiges Credo

Ich glaube
an einen Gott,
an einen Vater über allem,
an unseren Vater.
Der eine Gott hat allen diese Welt gegeben.
Überall ist der eine Gott zu finden.

an Jesus Christus den Offenbarer des
einen Gottes,
welcher Herr über uns alle sein kann.
Dieser ist im Leib gekommen, wie wir Menschen ihn tragen,
in diesem Leib, in dem wir uns freuen und trauern,
leben und sterben.

Jesus Christus starb in meiner Hülle des Leibes
und nahm darin mein Versagen mit in das Sterben.
Darin hat er uns alle verstanden.

Ich glaube
an den einen Gott des Lebens.
In Christus überwand er den hoffnungslosen Tod.
Der eine Gott und Vater ist in der Hoffnung des Morgen
und in unserem Glauben von Heute zu Hause.

Der Geist dieses einen Gottes
belebt in mir die Hoffnung auf das Morgen in meinem
angefangenen Glauben von Heute.

Dieser eine Gott und Vater
wird alle zum Leben haben wollen.

Amen

ANDREAS GÜTHLING, ELSTAL

Unfassbar, aber real

Gott ist ein Thema – eine wesentliche Dimension meines Lebens.
Ich weiß nicht, wie er ist und was er ist.
Ich weiß nur, dass er ist.

Jesus Christus ist historische Realität.
Nicht wichtig, wie er auf die Welt kam – nur dass er kam.

Sein Leid – sein Tod – sein Ende ist historisch belegt und sicher
der Aspekt – Jesus ist Gottes Sohn – gibt dem Geschehenen Sinn
der Aspekt – Gott liebt die Menschen – gibt der Gottessohnschaft Sicherheit.

Ist Jesus Gottes Sohn, so kann der Tod nicht das Ende sein.
Der Menschensohn mag gestorben sein.
Gott lebt – eher mehr als weniger.
Das hat auch für die Zukunft seine Bedeutung.

Gott ist schwer zu greifen – wie ein Geist eine unfassbare, aber sehr reale Kraft.
Die Kirche als Gemeinschaft der Gläubigen ist mehr christlich als katholisch.
Der Apparat Kirche ist Teil dieser Realität, aber nicht das Wesen der Kirche.
Da Gott die Menschen liebt – kann Tod nicht das Ende sein.

Es gibt kein Ende – keinen Tod – kein endliches Leben – Es gibt ein Danach.

Ich glaube – nicht Zeichen der Unsicherheit – sondern höchster Grad der menschlichen Gewissheit.
Ich bin so sicher, dass jeder Beweis überflüssig ist. – Warum zweifle ich nur so oft.
Ich suche und gehe – Ich bin auf dem Weg – (Ich glaube).

Amen.

FRANZ-CARL MEYER, STRALSUND

Stoßgebet 2000

Oh Gott
seit einer Ewigkeit
von 2000 Jahren
verstehen wir nicht
dass die Geburt der Liebe
auch Deine Wandlung vollzog
von richtender Schärfe
zur Bedingungslosigkeit
Oh Gott
seit 2000 Jahren
wirst Du in Fesseln gelegt
männlich verkündigt
von Bildfälschern
wo wir doch wissen
von Deiner Vielgestalt
die Wunder wirkt
in unseren Herzen
Oh Gott
seit 2000 Jahren
gingen wir so irrende Wege
unsere einzige Rechtfertigung
sei die Sehnsucht der Seele
nach Deiner Fülle
Erinnere Dich oh Gott
Deiner Versprechen
bleib bei uns
komm uns entgegen

GISELA HABEKOST, FRÖNDENBERG

Ku ist Ku und Shiki ist Shiki

Mein persönliches Credo bezieht sich auf Gott, den ganz Anderen, in seinem Verhältnis zur uns bekannten, sichtbaren Welt. Hierzu möchte ich den Ausspruch eines zen-buddhistischen Meisters anführen. Ku bedeutet hier nicht Leere, sondern immer auch potenzielle Schöpfung.

»Ku soku ze Shiki, Ku ist Shiki. (Form. Phänomene)
Shiki soku ze Ku, Shiki ist Ku.
Dennoch ist Ku Ku, und Shiki ist Shiki.«

Ansonsten glaube ich an die Botschaft Jesu Christi und daran, dass, wenn das Reich Gottes nicht hier auf Erden verwirklicht wird, es nirgendwo existiert. Wenn es gut war, muss es auch wieder gut werden können.

MICHAEL ECKHARDT, KASSEL

Die Antwort auf mein Leben

Sie werden es nicht glauben: Ich glaube an den Vater, und den Sohn, und den Heiligen Geist, und ich glaube an die Katholische Kirche als Gemeinschaft der Glaubenden.

Und ich glaube, dass mein Leben mit meinem leiblichen Tod nicht ein für allemal ausgelöscht ist, als habe es nie existiert; deswegen glaube ich auch an die Auferstehung und an die nie aufhörende Gemeinschaft mit dem Vater und dem Sohn und dem Heiligen Geist.

Und ich glaube an das »Wort des Herren«, das für alle Menschen verständlich ist, anspruchsvoll und doch einfach und schlicht. Und Jesus Christus ist für mich eine absolute Wirklichkeit, also nicht der »Unbewusste«, wie in Publik-Forum 1/2000 so überaus kompliziert dargestellt. Jesus ist für mich die Antwort auf mein Leben.

PHILIPP KLÜPFEL, WÜRZBURG

Ich vertraue Ihm

Ich glaube an Gott, den ich durch Jesus »Vater« nennen darf, den Erschaffer dieser und der zukünftigen Welt, Ursprung und Ziel meines Lebens und ich vertraue ihm.

Und ich glaube an Jesus Christus, Gottes geoffenbarten Sohn, unseren Bruder und Herrn, Versöhner und Erlöser und ich vertraue ihm.

Er wurde geboren von Maria aus dem Volk der Juden.

Er war ein Mensch wie wir und doch anders als wir.

Er lebte die Liebe zu Gott und die Liebe zum Menschen einzigartig.

Weil er so liebte, musste er leiden.

Er litt an dem Unverständnis, der Verachtung und dem Hass von uns Menschen, wie auch an der Unbegreiflichkeit Gottes.

Unter Pontius Pilatus wurde er gekreuzigt.

Er starb verstoßen wie ein Gottloser.

Am dritten Tag wurde er vom Vater einzigartig bestätigt.

Er wurde auferweckt und neuerschaffen vom Tode.

Er kehrte heim zum Vater, bestimmt zum *Herrn* und Gebieter über Leben und Tod, Zeit und Geschichte.

Er wird wiederkommen, zu trennen die Lebenden von den Toten, um seine begonnene Osterherrschaft zu vollenden.

Ich glaube an den Heiligen Geist,
an die unsichtbare Gegenwart des Auferstandenen
und an seine Gemeinde des Neuen Bundes;
berufen in der Taufe,
dargestellt in seinem Mahle,
eine heilige, allgemeine ökumenische Kirche der Christen,
sowie an die Vergebung und Befreiung von Schuld,
und die Auferweckung nach dem Sterben zum ewigen Leben.

KARL-LUDWIG HENRICHS, METTMANN

Mein wahres Selbst und Buddha

Ich glaube an Gott,
die eine Wirklichkeit, die sich im Kosmos entfaltet, in allem Leben offenbart und in mir und allen Menschen sich selbst erkennt.

Ich glaube, dass Gott sich selbst bejaht in allem und dass auch ich mich selbst deshalb bejahen kann.

Ich glaube, dass ich mit allem, was ist, zusammenhänge und in allem Gott lieben kann.

Ich glaube, dass Gott, mein wahres Selbst, sich in Menschen wie Jesus oder Buddha für uns in besonderer Weise offenbart hat.

Ich glaube, dass ich von Jesus lernen kann, in benachteiligten und leidenden, aber auch in Menschen, die mich leiden lassen, meine Geschwister zu erkennen und mein Mitgefühl zu entwickeln.

Ich glaube, dass ich von Buddha lernen kann, mein Ich loszulassen und mich so von Gier, Hass und Unwissenheit zu befreien, die Ursachen von Leid.

Ich glaube dass es keine Trennung von Gott gibt, aber der illusionäre Glaube an ein abgesondertes Ich des Menschen viel Leid verursacht.

Ich glaube, dass in Gott nichts und niemand verloren geht, wir sterbend eine Form aufgeben, um eine andere anzunehmen.

Ich glaube, dass unser jetziges Verhalten Folgen für uns hat, auch über dieses Leben hinweg.

Ich glaube, dass in allen Religionen und Kulturen Menschen Wege gefunden haben, Gott zu erfahren und zu lieben, und so glücklich zu werden.

Ich glaube, dass dies die wichtigste Aufgabe des Menschen ist: ein gefestigtes Ich im größeren Selbst Gott aufgehen zu lassen.

ERWIN HAAR, BREMEN

Sinn des Lebens

Wir vertrauen Gott,
dem Schöpfer des Lebens,
weil wir wissen:
Gott sagt Ja zu uns
und zu allem, was lebt.

Wir vertrauen Jesus, Gottes Erwähltem,
der zum Beispiel und Vorbild geworden ist,
der Arme und Kranke, Kinder und Frauen,
Menschen ohne Zukunft und Hoffnung
in seine Gemeinschaft holte
im Namen Gottes,
der Feindschaft und Gleichgültigkeit überwand
und den Weg des Lebens suchte
nach den Weisungen Gottes.
Als er den Mächtigen unerträglich wurde,
musste er sterben den Tod am Kreuz.
Gott aber bekannte sich zu ihm
und schenkte ihm Schwestern und Brüder.

Wir vertrauen dem Geist Gottes,
der Menschen aus allen Völkern
in eine Gemeinschaft ruft und Juden
und Christen in Gottes Bund vereint,
damit wir mit Freude Gottes Helfer seien
für Gerechtigkeit, Frieden und die Bewahrung der Schöpfung.
Gottes Geist hilft uns,
den Weg der Liebe zu finden,
der unserem Leben Sinn gibt
jetzt und über den Tod hinaus.

UWE DITTMER, POTSDAM

In Ihm geborgen

Ich glaube an Gott, der mich geborgen hält,
den in mir Mächtigen, den Urgrund alles Sichtbaren und Unsichtbaren,
und daran, dass er mir in den Menschen begegnet, denen ich als Schwester verpflichtet bin.

Ich glaube an die Erwählung auch der Frau, von Gott in besonderer Weise sichtbar gemacht durch Maria von Nazaret.

Ich glaube, dass Menschen wieder und wieder aneinander leiden werden, bis wir ganz und gar umgewandelt sein werden, für unsere menschlichen Schwachheiten gestorben.

Ich glaube an meine Eigenverantwortlichkeit für mein Leben.

Ich glaube an eine uns geschenkte Stärkung durch Gott, die eine christliche Gemeinschaft der Menschen, an das Angenommensein von Gott trotz unserer Fehlerhaftigkeit, an die Auferstehung von den Toten, das vollkommene Einswerden und Einssein mit Gott in ewigem Leben.

ANGELIKA WILDEGGER, BAD KÖSEN

Der Glaube verbindet uns über alle Grenzen

1. In Gott habe ich einen guten Vater.
Er hat die Macht und gibt mir Kraft zum Guten.
Das All und die Erde sind und bleiben sein Eigentum,
das er uns anvertraut.

2. In Jesus ist Gott sichtbar und verstehbar geworden.
Jesu Worte und Taten sind Gottes Worte und Taten.
Sie sind sein Angebot, dass ich Not wendende Entscheidungen treffen
und Heil bringende Taten ausrichten kann.
Im Leiden Jesu und im Leiden der Menschen und der Natur
sehe ich, dass diese Welt verdorben ist.
Im Sterben Jesu sehe ich, welches Schicksal dem Guten in der Welt beschieden ist.

Im Sieg Jesu über den Tod erkenne ich, wer am Ende Recht behält.
Das gilt immer und überall
und gibt mir Hoffnung gegen allen Augenschein.
Ich weiß, dass am Ende alles in Ordnung kommen wird.
Das Böse hat kein ewiges Recht.

3. Durch den Heiligen Geist ist Gott unsichtbar gegenwärtig.
Gottes Kirche ist der Ort,
an dem ich glauben lerne und mein Glaube bewahrt wird.
Unser Glaube verbindet uns über alle Grenzen des Raumes und der Zeit.
Schuld, die trennt, wird nur durch Vergebung aus der Welt geschafft.
Ich weiß, dass mein letztes Ziel nicht der Tod ist.
Durch meine Taufe bin ich Bürger des Reiches Gottes.
Dort wird alles gut und heil sein.
Darauf freue ich mich, auch wenn ich mein Leben verliere.

EBERHARD GEHRT, RADEBEUL

Woanders heißt Gott anders

Ich glaube an eine Kraft, die die Welt erschaffen hat, die den Urknall ... und der damit auch uns Menschen hervorgebracht hat.

Da ich im Christentum aufgewachsen bin, nenne ich sie Gott. Wäre ich in den Anden aufgewachsen, hieße sie Pachamama oder Sonne. Wäre ich in Medina aufgewachsen, hieße sie Allah. Wäre ich in Nordamerika aufgewachsen, hieße sie Manitou. Wäre ich in Indien aufgewachsen, hieße sie Shiva.

Ich glaube an die Kraft der Liebe und daran, dass der Mensch die Welt verändern kann, wenn er nur will und kann. Dass er die Welt ändern kann, die Welt, in der Mammon und Habgier regiert.

Ich bin ein hoffnungsloser Optimist und glaube daran. Ich kann nichts dagegen tun.

STEPHAN BRÜES, WUPPERTAL

Gesungener Lobpreis

(Melodie: Wach auf, du Geist der ersten Zeugen)

Liturg: Ich glaube an Gott, den Vater.

Gemeinde: Dich preist dein Volk, du Herr der Welten, und deine ewig unbegriffene Macht.
Wo du regierst, soll Liebe gelten,
die über uns, du treuer Vater, wacht.
Aus deinen Händen gingen wir hervor,
du reißt uns auf des neuen Lebens Tor.

Liturg: Ich glaube an Jesus Christus.

Gemeinde: Dich preist dein Volk, in unserer Mitten
das Wort im Fleisch und Gottes Gegenwart.
Du hast der Erde Not durchschritten
und nahmst auf dich der Sünd und Schande Part
Vom Schoß Mariens bis zur Blutgericht.
Dich schreckten selbst der Hölle Qualen nicht.

Dich preist dein Volk, dem du verheißen:
Ich bin bei euch bis an das End der Welt.
Du kannst uns aus dem Tode reißen.
Du lebst. Und jeder, der sich zu dir hält,
ist frei, aus jedem Sterben aufzustehn,
an deiner Hand durch das Gericht zu gehn.

Liturg: Ich glaube an den Heiligen Geist.

Gemeinde: Dich preist dein Volk, du täglich Zeichen
von Gottes Nähe, Gottes heilger Geist.
Wenn wir die Hand dem Bruder reichen,
vergeben, weil du selbst Vergebung heißt,
dann wächst der Heil'gen Schar durch deinen Ruf
und lebt, weil dein Wort ew'ges Leben schuf.

FRIEDRICH SPIEGEL-SCHMIDT, BERNAU

Mit Fragezeichen

Ich glaube!
Ich glaube?
Was bedeutet das eigentlich?
Ich meine, dass es etwas oder jemanden gibt,

der immer bei mir ist,
der mir zuhört, wenn ich reden will,
der mich tröstet, wenn ich traurig bin,
der mir hilft, wenn ich Hilfe brauche,
der mir Kraft gibt, wenn ich mich schwach fühle,
der mir den Weg weist, wenn ich nicht mehr weiter weiß.

Wie der Fisch, der durch das Wasser schwimmt,
Wie der Vogel, der durch die Luft fliegt,
Wie der Wurm, der durch das Erdreich kriecht,
so ist auch Gott allezeit um mich und mit mir.

Er lässt mich leben, wie das Wasser den Fisch.
Er trägt mich, wie die Luft den Vogel.
Wie der Wurm sich seinen Weg durch das Erdreich bahnt,
so hilft mir Gott, meinen Weg durchs Leben zu finden,
und so hilft er nicht nur mir, sondern allen Menschen,

das hoffe ich – das glaube ich!

Aber was, wenn es nicht so ist?

ALEXANDER HEUSINGFELD, HILDEN (HELMHOLTZ-GYMNASIUM)

Göttliche Kraft

Ich glaube an den Geist Gottes, der dem Menschen innewohnt und in allen Geschöpfen lebt.

Ich glaube an die göttliche Kraft, die uns Verantwortung und Liebe für alle Bewohner dieser Erde verleiht.

Ich glaube an Jesus von Nazaret, der Vorbild für das Handeln in unserer Gemeinschaft ist.

Ich glaube an seine Kraft der Liebe, die uns frei macht von Feindschaft und Hass.

Ich glaube an den einen Gott, der mir die Stärke gibt, Böses zu überwinden.

Ich glaube an den Funken des Göttlichen, der in uns wirkt und von Generation zu Generation weitergereicht wird – bis in die Ewigkeit, in die auch ich dereinst eingehen möchte.

MANFRED WORTBERG, KÖLN

Immerwährender Neuanfang

Ich glaube
an Gott und seine Schöpferkraft.
In ihm sind alle Farben, Formen und Spielarten des Lebens enthalten.
Sie sind übergeflossen in Gottes Abbild, den Menschen,
und, in besonderem Maße, in Jesus Christus.
Darum wird er »Sohn Gottes« genannt.

Ich glaube,
dass er ganz für die Menschen lebte,
um ihnen Leben in Fülle zu ermöglichen.
Von seinen Ideen war er so überzeugt,
dass er sich sogar dafür ans Kreuz nageln ließ.
Der Gott des Lebens überließ ihn nicht dem Tod,
sondern erweckte ihn zu neuem Leben.

Ich glaube,
dass Gottes Schöpfergeist auch heute in der Kirche Jesu Christi wirkt,
so dass Christen sich auf der ganzen Welt auf vielerlei Weise
für ein menschenwürdiges und heilvolles Leben aller einsetzen können.
Ich glaube,
dass wir im Leben immer wieder einen Neuanfang geschenkt bekommen
und dass unser Leben selbst dann weitergeht,
wenn wir unseren Körper verlassen müssen und ins Grab gelegt werden.

ANGELIKA PLÜMPE, XANTEN

Glaube der Hoffnung

»Der Glaube, den ich am liebsten mag,
ist die Hoffnung, spricht Gott.« (Charles Péguy)

Klein ist mein Glaube, meine Hoffnung groß.
Scheint auch mein Glauben tot – mein Hoffen lebt.
Ich möchte hoffen – wenn die Erde bebt –
dass sich der Stein vom Grabe löste los,

dass die erstorbene Liebe aufersteht
aus Ängsten und Torturen, Blut und Wunden,
mich nicht allein lässt in den schweren Stunden,
durch schwarze Todesnächte mit mir geht.

Ich möchte hoffen, dass die Liebe trägt
uns Menschen, die – von ihrem Bild geprägt –
sind auf der Suche nach des Ursprungs Glut,

auch Vogel, Blume, Meer, das Erdenrund,
Gestirne überm Regenbogen und
das kleine Senfkorn Glaube – großes Gut.

HELGA MESCHEDE, MÜNSTER

Der Weg durch unsere Herzen

Ich glaube an Vater und Mutter,
die mir Himmel und Erde schaffen.
Und an Jesus Christus,
der für uns in ihrem Geist
geboren wurde, lebte, litt und starb.
Als er wieder aufstand,
um endlich ganz nach Hause zu gehen,
da nahm er seinen Weg durch unsere Herzen.
Von dort kommt er,
uns beim Leben zu helfen und beim Sterben.
Ich glaube daran, dass dieser Geist heilig ist,
und dass er in unserer Kirche lebt.
In diesem Geist bilden wir uns zur Gemeinde
und vertrauen darauf,
dass er uns immer wieder aufhilft
bis über unseren Tod hinaus.

SABINE DÄNNER, SCHLÜCHTERN

Die andere Wirklichkeit

Ich vertraue darauf,
dass es eine Wirklichkeit gibt,
die unsere Wissenschaft nicht beweisen kann,
die aber wahr ist
und die wir Gott nennen.

Ich vertraue darauf, dass diese Wirklichkeit
in den Taten und Worten und in dem Schicksal
von Jesus von Nazaret sichtbar wurde.
Er wurde als Kind armer Leute geboren,
lernte ein Handwerk und setzte sich gegen
Macht und Unterdrückung ein.
Darum haben die Mächtigen ihn hingerichtet.

Ich vertraue darauf,
dass die Wirklichkeit Gottes nicht umzubringen ist.
Sie zeigt sich heute noch. Sie mischt sich in
mein Leben ein und in das Leben auf der ganzen Welt.
Sie ist eine gute Macht,
die Gesundheit, Anerkennung, Lebensfreude,
Gemeinschaft und Gerechtigkeit für alle will.

Aus der Arbeit mit jungen Soldaten. Evang. Militärseelsorge, Albersdorf/Seeth.
EINGESANDT VON CHRISTINE NAGEL-BIENENGRÄBER, NORDHASTEDT

Gottes Wellenlänge

Ich glaube an Gott, den Vater,
den Schöpfer und Bewahrer allen Seins und Werdens,
den gerechten Richter, der uns befähigt und herausfordert,
die von ihm geschenkten Gaben bestmöglich einzusetzen.

Ich glaube an Jesus Christus,
der die Welt erlebt und uns Nächstenliebe vorgelebt hat, der
für uns gestorben ist, damit wir innerlich frei leben können
mit allen Menschen, die guten Willens sind.

Ich glaube an den Heiligen Geist,
auf dessen Wellenlänge uns Gott und Christus leiten, egal,
in welche Religion wir geboren wurden oder geraten sind.

Ich glaube an ein Fortleben der Seele des Menschen nach dem irdischen Tod
und an eine Wiedervereinigung der Seelenverwandten.

HELLMUT STEFFENS, AUGSBURG
(Pensionierter Siemens-Direktor. Jetzt Initiator von Stadtteil-Initiativen für Arbeits- und Ausbildungsplatzsuchende. Sprecher eines Informationskreises »Evangelische Kirche – Wirtschaft«. Ehemaliger Landessynodaler.)

Von Gott gesegnete

Ich möchte aufmerksam machen auf die Stärken und Chancen der Mitbestimmung von Menschen mit Behinderungen.

Sie bekommen einen Stempel aufgedrückt:
Du kannst nichts!
Du leistest nichts!
Du kostest zu viel!
Du passt nicht in diese Welt.

Ich glaube, dass Gott eine wertschätzende Sprache spricht, und dass er Menschen mit Behinderungen maßlos liebt.

Sie sind anders als wir:
Sie schreien ihre Wut in die Welt!
Sie bewegen sich langsam oder auch nicht!
Sie konfrontieren uns mit ihren Stimmungen und Gefühlen!
Sie zeigen uns unsere Grenzen!

Ich glaube, dass Gott diese Menschen mit Kreativität und Spontaneität gesegnet hat.

Sie werden:
gedemütigt, reduziert, übersehen
und nicht ernst genommen.

Sie sind manchmal:
verzweifelt, müde und mutlos.

Ich glaube, dass Gott mit diesen Menschen leidet, und dass er ihre Schmerzen mitempfindet.

Sie zeigen:
Ihr herzliches Lachen,
ihre abgrundtiefe Trauer,
ihre Verletzlichkeit.

Ich glaube, dass Gott diese Menschen in ihrer Ganzheitlichkeit mit allen Stärken und Begrenzungen, mit aller Vitalität und Lebensfreude sieht.

Ich glaube, dass Gott keine Unterschiede macht. Dass er allen Menschen eine unverwechselbare Würde verliehen hat.

Ich glaube, vor Gott muss sich niemand verstecken. Niemand muss um jeden Preis vernünftig oder perfekt sein. Niemand muss in seinen Augen irgendwelchen Maßen und Normen entsprechen.

Ich glaube, dass Gott ein Gott pulsierenden Lebens ist, der will, dass wir uns gegenseitig achten und respektieren.

Ich glaube, dass wir alle von Menschen mit Behinderungen viel lernen und profitieren können, weil sie unsere Welt reicher und bunter machen.

BARBARA LINNHOFF, LÜNEN,
Dipl.-Soz.-Pädagogin im Anna-Katharinen-Stift Karhaus, einer Einrichtung der Geistigbehindertenhilfe in Trägerschaft des Sozialdienstes katholischer Frauen (Skf)

Ich schenke mein Herz

Ich schenke Gott mein Herz, dem Allerbarmer,
von dem alles ist und kommt,
ich vertraue auf Jesus, den Befreier;
wir sind seine Geschwister.
Ich bewundere Maria, die uns Jesus geboren hat;
Jesus der Weg, die Wahrheit, das Licht und das Leben,
der durch Pilatus hier auf Erden ein furchtbares Ende nahm.
Doch die Fülle des Lebens reicht über den Tod hinaus.
Dein Geist bewirke bei uns eine geschwisterliche Gemeinde,
in der man Verzeihung findet und einander vergibt.
Bewirke in uns den Glauben an die Auferstehung und das ewige Leben.
Amen, so sei es!

ERNEST EICHBERGER, BREITSTETTEN

Freude und Trauer, Leben und Tod

Ich glaube an Dich,
Gott,
die Urliebe,
die jede Zelle in mir durchdringt,
an die Liebe,
die in mir
lebt, fließt und webt –
die mich lebendig macht.
Du, mein Ursprung und mein Ziel,
Mein höheres Ich und mein/e Meister/in:
Hell und dunkel,
Freude und Trauer,
Leben und Tod
schenkst Du,
dass ich Dich,
die Mitte,
finde.

ANDREAS SCHADE, KÖNIGSWINTER

Auferstehung

Ich glaube an Gott. Er erschuf unser Universum. Also: Gott ist Ursprung des Lebens. Ich glaube an den Gott, der uns auch die Regeln gab, nach denen wir handeln sollen. Ich glaube an Jesus Christus. Er lebte und handelte nach diesen Regeln. Daher glaube ich an ihn: *Als Sohn Gottes*.

Ich glaube an eine fehlbare Kirche. Doch in dieser Kirche erleben *wir* Gemeinschaft. Egal, ob wir »Sünder« oder »Fromme« sind. Egal, ob arm oder reich, jung oder alt. – Ich glaube, dass wir, wenn wir dann daran arbeiten, wirkliche *Auferstehung* feiern.

V.-LUDWIG STROPP, FRIEDRICHSTADT

Das größte Geschenk

Ich glaube an Dich, Gott, als den Ursprung allen Lebens.
Nur Dir verdanke ich mich als ein Teil Deiner Schöpfung.
Alles, was ich bin, bin ich durch Dich.
Du hast mich mit Erkenntnis und Vernunft ausgestattet.
Sie helfen mir,
Gutes von Bösem und Wahres von Unwahrem zu unterscheiden.
Du hast mir Verantwortung gegeben.
Sie lehrt mich,
jedem anderen im Geist der Geschwisterlichkeit zu begegnen
und unsere Erde so mitzugestalten,
dass alle Menschen ihrer Würde und ihren Rechten entsprechend
leben können – heute und in Zukunft.
Du schenkst mir immer wieder die Fähigkeit zu lieben.
Sie lässt mich staunen,
wie unerschöpflich reich das Leben ist.
In der Liebe erfahre ich das unendliche Glück menschlicher Begegnungen.
Dein größtes Geschenk aber ist die Freiheit.
Aus ihr gewinne ich die Kraft und Zuversicht,
meinen selbstgewählten Weg weiterzugehen,
auch dann, wenn mich Ungerechtigkeiten oder
unfassbares Leid beinahe verzweifeln lassen.
Dir, Gott, vertraue ich mich an
in der Hoffnung auf ein jenseitiges Leben,
in dem sich alle Menschen miteinander verbunden fühlen –
getragen von Glück und einer Liebe, die niemals endet.

VINCENZ KEUCK, OERLINGHAUSEN

Die aufblitzende Liebe

Ich glaube, dass in Gott
alles Leben seinen Anfang hat
und wir deshalb miteinander und
mit allen Lebewesen verbunden sind.

Ich glaube, dass in Jesus Christus
Gottes Wesen, nämlich seine Liebe aufblitzt.

Ich glaube, dass der, den wir
Heiligen Geist nennen, noch einmal
ganz anders und weiter ist,
als wir es uns vorstellen können.

PETER STORCK, BERLIN

Trotzdem

Ich glaube: wieder, immer noch, trotzdem.

Ich glaube, nachdem ich allen Glauben verloren hatte,
nachdem meine Welt zerbrach,
der Tod mir ein Bein stellte.

Ich glaube, obwohl ich keinerlei Halt mehr hatte,
obwohl Krankheit meinen Körper durchdringt,
ich damals aufschrieb: Sicher, Schluss, Danke. Aus.

Ich glaube, weil Du mich am Schopf gepackt hast,
verstehen lehrtest, Augen öffnest.

Ich glaube, weil Türen aufgingen,
Krankheit bezwingbar wurde,
das Nein, Nie mehr, Nichts zu
Ja, Trotzdem wurde.
... weil ich lebe.

SABINE ACKERMANN, HAMBURG

Der ohnmächtig Mächtige

Ich glaube an Gott
den in seiner Ohnmacht Mächtigen
der unseren Weg gegangen ist
durch die Mühsale des Lebens
der die tiefsten Klüfte unserer Seele kennt
ich glaube an Gott
den Bruder

Ich glaube an Gott
der nicht im Himmel ist
sondern auf Erden
der uns entgegenkommt
mit ausgestreckten, von Nägeln durchbohrten Händen
uns zu halten
Ich glaube an Gott
den Vater

Ich glaube an Gott
der im Verborgenen gegenwärtig ist
uns näher als unser eigenes Herz
uns ferner als der fernste Planet
Ich glaube an Gott
den Heiligen Geist.

EVA MÜNDLEIN, TÜBINGEN

Amen, Alleluja

Ich glaube an Gott, den Schöpfer aller Dinge,
der so ganz anders ist, als wir ihn uns denken,
und an Jesus Christus, unseren Bruder,
der, aus Maria geboren, uns den Vater vor Augen führte,
indem er die Liebe lebte.
Er geriet in Widerspruch zu den Mächtigen seiner Zeit
und wurde am Kreuz hingerichtet.
Er blieb nicht im Tod, sondern er lebt in der Herrlichkeit seines Vaters.
Ich glaube an den Geist Gottes,
der die Welt durchdringt und Gottes Nähe erfahrbar macht.
Er gibt den Christen Kraft, Jesus nachzufolgen.
Ich glaube, die verzeihende Liebe Gottes nötig zu haben.
Ich erwarte die Auferstehung der Toten und
bin voll froher Hoffnung auf das Leben im
unbeschreiblichen Licht im Angesicht des lebendigen Gottes.
Amen, Alleluja!

KURT MEHRING, HAMELN

Geist der Menschheit

Ich glaube an *Gott*, dessen Existenz mir verborgen bleibt. Ist er ein Wesen oder unbegreiflich? Schuf er die Welt und das All? Oder ist das Universum nur ein Molekül einer größeren Welt? Der Blick zum Sternenhimmel weckt in mir Demut.

Ich glaube an *Jesus*, der dem irdischen Leben den Sinn gibt. Er bringt Liebe und Barmherzigkeit in die Welt. Der Tod ist Teil des Lebens und verliert seine Bedrohlichkeit. Jesus gibt mir Mut zum Leben.

Ich glaube an den *Geist* der Menschheit, dem ich zuversichtlich vertraue, dass er dauerhaften Frieden unter den Menschen schafft und die Schöpfung bewahrt.

BERTHOLD STARZINGER, REGENSBURG

Vorsichtshalber

Ich glaube –
tue ich das?
Ich glaube an –
an was denn?
An etwas, das über mir wacht
und mir hilft, all den Schmerz
diesen Lebens zu ertragen?
Dabei die Augen für das Schöne
nicht zu verschließen?
An ein Leben nach dem Tod, in dem
ich endlich all die wiedersehe,
die ich auf dieser Welt so sehr vermisse?
So sehr, dass es mir oft
schwer fällt zu glauben.
Denn warum glaube ich an
etwas, das mir Menschen
entreißt, die ich brauche?
Hilflosigkeit,
Ausweglosigkeit,
Ungewissheit,
das macht mich kleinen Menschen
glaubend.
Ohne Glauben wäre so manches
schwer auszuhalten.
Also glaube ich (vorsichtshalber?).
Aber an was?
Egal –
Hauptsache:
Ich glaube!
So soll es sein?!

KERSTIN KARES (16 J.), UNKEL

Nehmt mir nicht das Wort »Gott«

Nehmt mir nicht das Wort »Gott«,
ihr Gläubige und Sprachgewandte,
vergewaltigt es nicht,
macht es mir nicht
konkret,
füllt es nicht
mit Gedanken eurer Vorstellung.

Das Wort muss als Frage bleiben,
als Geheimnis.
Mit einer kategorialen Bestimmung
kann ich nicht leben,
nicht Mensch sein,
will ich nicht sterben.

Vielleicht stellt das Wort »Gott« eine Antwort dar,
anders als ich meine.
Vielleicht muss ich
den Namen nur verstehen.
Ich lese und verzweifle.

Aber die helfen nicht,
die mir ihre gedanklichen Vorstellungen
anbieten,
die mir ihren Glauben in Gottesbildern vorlegen
und meinen, diese erklärten »Gott«.

Nehmt mir nicht das Wort »Gott«,
mit dem ich leben muss,
ohne es mit weltlichen Vorstellungen füllen zu können,
das mich unbeantwortbar immer nur fragen lässt
nach dem Sinn des Ganzen der Welt
ein Leben lang
bis im Tod.

Auch wenn das Sterben kommt,
vertröstet mich nicht
mit eurer Gewissheit.
Und wenn's ums Leben geht,
was helfen eure Worte?

Ich achte eure Gottesbilder,
aber benutzt dafür nicht das Wort »Gott«.

(frei nach »Lasst mir meinen Gott« von Paul Roth)

ALFRED SCHREIBER, WERNE

Himmel und Erde anvertraut

Ich glaube an Gott, den Vater, der uns den Himmel und die Erde geschaffen und uns anvertraut hat, auf dass wir sorgsam damit umgehen

und an Jesus Christus, seinen Sohn, der uns durch sein beispielhaftes Leben und Wirken zur Nachahmung auffordert. Er hat für uns gelitten, wurde ans Kreuz geschlagen und ist für uns gestorben. Gott, unser Vater, hat ihn zu sich genommen, und so dürfen auch wir auf ein Weiterleben nach dem Tode hoffen, welcher Art auch immer.

Ich glaube, dass wir für unser Tun und Handeln jetzt oder später Rechenschaft ablegen müssen und dass einige unserer Verfehlungen Vergebung finden.

Ich glaube einen Heiligen Geist bisweilen unter den Menschen zu spüren und glaube, dass Engel oder Schutzengel Dienste auf Erden tun.

Ebenso glaube ich, dass auch heute noch größere und kleine Wunder geschehen, man muss nur die Augen weit öffnen, um sie zu erkennen.

Ich glaube an eine Gemeinschaft der Christen auf der ganzen Welt, und ich glaube auch, dass sie noch viel mehr bewirken könnten, wenn sie wachsamer und mutiger wären.

GERTRUD BIEBER, VERDEN

Dennoch allgegenwärtig

Ich glaube,
dass Du, Gott, mein tiefster Brunnengrund bist.
Quelle, in der mein Leib sich wundergleich bildete.
Ich glaube, dass mein Herz und mein Verstand
Wolke und Flut aus deinen Wassern sind.

Ich glaube, dass alles mir Erkennbare,
das Winzigste und selbst unfassbar Grenzenlose
für dich nur Tändel sind,
die gleichwohl hingebungsvoll du innig entwarfst.

Ich glaube, dass du alles so laufen lässt,
wie du es angeschubst hast,
und dennoch, so glaube ich, bist du allgegenwärtig
mit wacher Liebe.

Ich glaube, dass jeder ganz innen
die Wahl wirklich hat
zu gut wie zu böse.
Es ist dies die einzige, wichtige Wahl.

Ich glaube, dass die heiligen Schriften Tropfen sind,
ausgeschwitzt unter Blut und Tränen, von deinen Liebhabern
oder herausgeschleudert in Verzückung und Glück
ob Deiner umhüllenden Nähe.

Ich glaube,
dass Du Gott wenigstens einmal selber
genaus das vorleben wolltest,
was du am Anfang eigentlich meintest.

Gott-Jesus, Freund und Bruder,
ich fürchte,
dass dein leibhaftiger Erdengang,
artgemäß kaum verständlich war, leider ...

Und dennoch glaube ich,
dass einige immer spüren,
dass dieser, der ihr Bruder war,
ihr eigenster, allerinnerster Kern sei,

der sie erlöst.

CARL-HERMANN ULLRICH, FREIBURG

Erlösung und Karma

Ich glaube:

An Gott und an das von ihm ausgegangene vollkommenste Wesen Jesus Christus;

An die von diesem letzteren ausgegangenen himmlischen Wesen, die wir Engel nennen und die einen freien Willen haben;

An die Ursünde einiger von diesen, die zur Entstehung der materiellen Welten geführt hat.

An die wiederholte Verkörperung dieser gefallenen Seelen auf dieser materiellen Erde, die durch Sühne und Läuterung zur Heimkehr zu Gott führen kann;

An das universelle Gesetz der ausgleichenden Gerechtigkeit, das auch Karma genannt wird und die Abtragung jeglicher Schuld ermöglicht;

An die Gnade der Versöhnung mit Gott, durch welche alle unsere Leiden zu einem Liebesdienst werden können;

An das opfervolle Erdenleben von Jesus Christus, das mit seiner Kreuzigung, Auferstehung und Himmelfahrt geendet hat und das den Zweck hatte, den Bann des Widersachers über diese Welt aufzulösen;

An die Gegenwart Gottes in allen lebendigen und scheinbar unbelebten Dingen;

An das Gesetz von Geben und Nehmen, dessen Beachtung zur Harmonie zwischen allen erschaffenen Wesen führen kann;

An die Macht der Liebe, welche auch die dunkelsten Schatten in Licht verwandeln kann.

MANFRED DE VOSS, CRAVEGGIA (ITALIEN)

Ich glaube an die Liebe

Ich glaube, dass die Schöpfung in Liebe erschaffen und uns geschenkt wurde, damit wir sie schützen und in Liebe bewahren.

Ich glaube an das Gute in jedem Menschen und daran, dass man es entdekken kann.

Ich glaube, dass es immer Menschen geben wird, die für andere Großes leisten, in Wissenschaft und Forschung.

Ich glaube an die Menschen, die im Alltag still und unauffällig für andere da sind, ohne Wenn und Aber.

Ich glaube, dass sie es sind, die die wirkliche Macht in Händen halten.

Ich glaube, dass es immer Menschen gibt, die verzeihen können und einen neuen Anfang möglich machen.

Ich glaube an die Menschen, die in Leid und Not über sich hinauswachsen und so ein Zeugnis ablegen für uns alle.

Ich glaube daran, dass die Liebe allein die Welt verändert.

Ich glaube daran, dass die Liebe Licht in alles Dunkle bringen kann.

Ich glaube an die Zukunft, denn ich glaube, dass es ein Gott der Liebe ist, der sie in seinen Händen hält.

Ich weiß, dass das Wissen um diese Liebe für mein Leben wichtig ist, denn aus diesem Wissen kommt die Kraft, Neuanfänge zu wagen, nach jeder Enttäuschung.

MADELEINE DEISCHTER, MAMER (LUXEMBURG)

Jesus Christus im Credo der Kirchen

VON JEAN-LOUIS GINDT

Jesus hat kein Credo aufschreiben lassen. Nach seinem Tod und aus dem Auferstehungsglauben heraus entstanden erste Bekenntnisformeln wie »Jesus ist der Kyrios (Herr)« oder »Jesus (ist der) Christus«. Paulus übernimmt bereits urchristliche Bekenntnisformeln. So verkündet er »das Evangelium von seinem Sohn, der dem Fleisch nach geboren ist als Nachkomme Davids, der dem Geist der Heiligkeit nach eingesetzt ist als Sohn Gottes in Macht seit der Auferstehung von den Toten, das Evangelium von Jesus Christus, unserem Herrn« (Römerbrief, im ersten Kapitel).

Heute sind in den christlichen Kirchen zwei Credos im Gottesdienst-Gebrauch, das »Apostolische Glaubensbekenntnis« und das längere Credo der Konzilien, das »Nizäno-Konstantinopolitanische Glaubensbekenntnis«.

Seit Anfang des 2. Jahrhunderts kennen wir das römische Taufbekenntnis, das Identitätsmerkmal des Christen. Gegen Ende des 4. Jahrhunderts nennt Ambrosius von Mailand es erstmals das »Apostolische Glaubensbekenntnis«, nicht weil die Apostel es formuliert hätten, viel-

Christologische Formel:

Das vierte ökumenische Konzil von Chalkedon (451) hielt in seiner christologischen Formel fest:

»Der Sohn, unser Herr Jesus Christus, ist ein und derselbe. Der eine und selbe ist vollkommen der Gottheit und vollkommen der Menschheit nach, wahrer Gott und wahrer Mensch ..., der in zwei Naturen unvermischt, unverwandelt, ungetrennt und ungesondert besteht. Wir bekennen nicht einen in zwei Personen getrennten und zerrissenen, sondern einen und denselben einziggeborenen Sohn, das göttliche Wort, den Herrn Jesus Christus.«

mehr, weil diese Glaubenswahrheiten seit dem Anfang der christlichen Kirche gelehrt wurden.

Nachdem Kaiser Konstantin im Jahre 313 für das ganze Römische Reich uneingeschränkte Religionsfreiheit verkündet hatte, war unter den Christen die Kontroverse ausgebrochen, ob Christus Gott oder Halbgott sei. Das Nizäno-Konstantinopolitanische Glaubensbekenntnis ist das Ergebnis von vier ökumenischen Konzilien, die wegen theologischer Streitigkeiten einberufen wurden.

Im 16. Jahrhundert schrieb das Konzil von Trient es für die römisch-katholische Kirche als Grundlage der katechetischen Unterweisung vor. Ebenso gilt es als Glaubensnorm für die Kirchen der Reformation.

Aus dem Apostolischen Glaubensbekenntnis:

Ich glaube an Gott, den Vater ...
und an Jesus Christus,
seinen eingeborenen Sohn, unsern Herrn,
empfangen durch den Heiligen Geist,
geboren von der Jungfrau Maria,
gelitten unter Pontius Pilatus,
gekreuzigt, gestorben und begraben,
hinabgestiegen in das Reich des Todes,
am dritten Tage auferstanden von den Toten,
aufgefahren in den Himmel;
er sitzt zur Rechten Gottes,
des allmächtigen Vaters;
von dort wird er kommen,
zu richten die Lebenden und die Toten ...

Aus dem Großen Glaubensbekenntnis:

Wir glauben an den einen Gott,
den Vater, ...
und an den einen Herrn Jesus Christus,
Gottes eingeborenen Sohn,
aus dem Vater geboren vor aller Zeit:
Gott von Gott, Licht vom Licht,
wahrer Gott vom wahren Gott,
gezeugt, nicht geschaffen,
eines Wesens mit dem Vater;
durch ihn ist alles geschaffen.
Für uns Menschen und zu unserm Heil
ist er vom Himmel gekommen,
hat Fleisch angenommen
durch den Heiligen Geist
von der Jungfrau Maria
und ist Mensch geworden ...

Wie heute von Gottes Sohn gesprochen werden kann

VON HANS KÜNG

Das ist die christologische Frage: das Verhältnis Jesu zu Gott. Hier erreicht die Gottesfrage ihre letzte Tiefe. Die letzte Tiefe? Haben nicht gerade hier besonders viele Menschen heute Schwierigkeiten? Jesus? Ja! Gott? Nun gut! Aber Gottes Sohn? Sind das nicht alles mythologische Vorstellungen, für das moderne Denken schlechterdings nicht mehr nachvollziehbar? Fürchten die einen die Wiederholung der alten Bekenntnisformeln, die sie nicht mehr verstehen, so die anderen die Abschaffung jener Formeln, an die sie immer geglaubt haben.

Dass die frühe Christenheit den auferweckten Jesus an Gottes Seite sah – »sitzend zur Rechten des Vaters« –, das hatte durchaus ernsthafte Gründe. Denn nach alter orientalischer Sitte ist der, der zur Rechten des Königs sitzt oder steht, sein Sohn oder Stellvertreter. Und genau als dieser erschien er jetzt seiner Gemeinde, er, der schon zu seinen Lebzeiten aus einer letztlich unerklärlichen Gotteserfahrung, Gottesgegenwart, Gottesgewissheit, ja Einheit mit Gott, seinem Vater, heraus geredet und gehandelt hatte und der jetzt zu Gott »erhöht« ist.

Nach der Erfahrung, dem Widerfahrnis der Auferweckung Jesu, war der Gemeinde tatsächlich kein Titel zu hoch, als dass sie ihn seiner nicht würdig erachtet hätte: Menschensohn, Herr, Messias, Christus, Davidssohn, Gottesknecht, Heiland, Gottessohn, Gotteswort – über 50 verschiedene Namen werden für ihn im Neuen Testament gebraucht. Die Entscheidung für oder gegen das Gottesreich, zu der er in seinem irdischen Leben herausgefordert hatte, wurde nun zu einer Entscheidung für oder gegen den, der ins Gottesreich bereits eingegangen war und es verkörperte. Aus dem zum Glauben Rufenden wurde der Inhalt des Glaubens, aus dem Evangelium Jesu das Evangelium von Jesus als dem Christus. Man glaubte nun nicht nur *wie er*, man glaubte *an ihn*.

Einige dieser Titel traten im Laufe der Zeit wieder zurück. Sie waren nicht mehr verständlich, wie der in den Evangelien weit verbreitete, aber in den Glaubensbekenntnissen nicht gebrauchte Titel »Menschensohn«. Andere Titel traten hervor und weiteten sich in ihrer Bedeutung aus. Der jüdische Titel »Messias« (Gesalbter) etwa, übersetzt durch das griechische »christós«, wuchs sogar mit dem Namen Jesus zusammen und wurde zu einem unverwechselbaren Eigennamen: »Jesus Christus«. Rund 500-mal wird »Christus« im Neuen Testament für Jesus gebraucht.

So gab es denn schon im Neuen Testament selbst trotz des einen Jesus und des einen Christusglaubens sehr verschiedene Christustitel, Christusbilder, Christologien. »Gottessohn« zeigte dabei eine Dynamik, die keinem anderen Titel eigen war. Dabei war dieser Titel ja durchaus keine originäre Erfindung der christlichen Gemeinde. Schon im Alten Testament wurde das Volk Israel »Sohn Gottes« genannt und vor allem Israels König, der bei seiner Thronbesteigung zum »Sohn Jahwes« eingesetzt wird. Dieser Titel wird nun auf Jesus angewendet: Durch Auferweckung und Erhöhung wird er, Jesus von Nazaret, wie Paulus schrieb, »eingesetzt zum Sohn Gottes in Macht« oder, einem Psalm folgend, am Ostertag »gezeugt«. Hier ist ohne Frage keine Abkunft, sondern eine Rechts- und Machtstellung Jesu gemeint, nicht eine physische Sohnschaft wie bei heidnischen Göttersöhnen und Heroen, sondern eine Erwählung und Bevollmächtigung durch Gott.

Mehr als andere Titel machte »Gottessohn« für die Menschen damals deutlich, wie sehr der Mensch Jesus von Nazaret zu Gott gehört, wie sehr er an Gottes Seite steht. Als der endgültig zu Gott Erhöhte ist er jetzt im definitiven und umfassenden Sinn – »ein für allemal«, unüberholbar, unüberbietbar – gegenüber den Menschen Gottes Beauftragter, Bevollmächtigter, Anwalt, Sprecher, Sachwalter, auch Botschafter, Treuhänder, Vertrauter, Freund, ja Repräsentant, Platzhalter, Stellvertreter Gottes.

Die Frage war unvermeidbar: Ist denn der Auferweckte nicht auch der Irdische? Wenn aber der Auferweckte der Irdische ist, muss dann nicht schon im Irdischen verborgen gewesen sein, was im Auferweckten offen liegt? Ja muss – wenn nicht nur der Auferweckte bei Gott ist, sondern schon der Irdische von Gott kam, in Gott seinen Ursprung hatte – nicht dieser Irdische schon immer bei Gott gewesen sein: als sein Sohn? Schon vor seiner Taufe, schon vor seiner Geburt? In der Tat: In anderen neutestamentlichen Schriften wurde der Zeitpunkt der Einsetzung in die Gottessohnschaft vorverlegt: auf die Taufe als den Beginn seiner öffentlichen Tätigkeit – oder auf seine Geburt, ja schon vor der Geburt auf Gottes Ewigkeit. Jesus Christus – nicht nur Gottes Sohn, sondern Gottes Sohn von Ewigkeit.

Was kann die »Präexistenz«, die ewige Vorausexistenz Jesu – vom Neuen Testament her – für uns heute bedeuten? Hier nur so viel: Es war die Überzeugung der ersten Christengeneration.

- Es gibt von Ewigkeit keinen anderen Gott als den, der sich in Jesus manifestiert hat.
- Weil es keinen anderen Gott gibt als den in Jesus offenbaren, hat Jesus von diesem universalen Gott her selber eine universale Bedeutung.
- In Jesus ergeht des ewigen Gottes Ruf an die Menschen! Darin liegt unverzichtbar auch für heute die einzigartige und maßgebende Bedeutung Jesu für das Gottesverständnis und das Verhältnis zu den Menschen.

Ich weise auf katholische Neutestamentler hin, die in der christologischen Präexistenzlehre über den Menschen und Propheten Jesus von Nazaret nichts anderes verstehen als den schon immer, »seit Ewigkeit« existierenden Gott, der sich in dem Menschen Jesus von Nazareth geoffenbart hat – »offenbaren« im strengsten Sinne des Wortes.

An der Unterscheidung des Gottessohnes von Gott, dem Vater, an seinem Gehorsam und seiner Unterordnung unter diesen wird im Neuen Testament überall festgehalten. Der Vater ist »größer« als er, und es gibt Dinge, die nur der Vater weiß und er nicht. Nirgendwo ist im Neuen Testament von der Menschwerdung Gottes selber die Rede. Es geht immer um Gottes Sohn oder Wort, das Mensch geworden ist, dessen Identifikation mit Gott, dem Vater, nun allerdings immer mehr betont wird durch Übertragung göttlicher Eigenschaften. Im Neuen Testament meint »Gott« (ho theós) praktisch immer den Vater. Jesus wird fast nie direkt »Gott« genannt, von Paulus selbst überhaupt nie. Abgesehen von dem 50 Jahre später geschriebenen Johannesevangelium – im Ausruf des ungläubigen Thomas »mein Herr und mein Gott« – wird Jesus nur in wenigen, durchwegs ebenfalls späten, hellenistisch beeinflussten Ausnahmefällen direkt als »Gott« bezeichnet. Ein Befund, der uns auch heute zur Vermeidung aller Missverständnisse geraten sein lässt, Jesus »Gottessohn« statt einfachhin »Gott« zu nennen.

Wenn man heute unmissverständlich auch von der Menschwerdung des Gottessohnes reden will, dann darf diese nicht nur auf die Empfängnis oder Geburt Jesu, sondern auf das ganze Leben und Sterben Jesu bezogen werden:

- Auf die Ganzheit von Jesu Reden, seinen Verkündigen, Verhalten und Geschick. Jesus hat in all seinem Reden und Tun, Leiden und Sterben, in seiner ganzen Person Gottes Wort und Willen verkündet, manifestiert, geoffenbart: Indem sich Wort und Tat, Lehren und Leben, Sein und Handeln völlig decken, ist Jesus leibhaftig, in menschlicher Gestalt Gottes Wort, Wille, Sohn.

In dieser Perspektive lassen sich auch so schwierige und hohe Sätze verstehen: dass in Christus die ganze Fülle der Gottheit leibhaftig wohnt, dass Gottes Wort Fleisch geworden ist, also »Gott in Jesus Christus«. Und in diesem Sinn ist zu bejahen, wenn von Jesus Christus als »Gott von Gott, Licht vom Licht, wahrer Gott vom wahren Gott, gezeugt, nicht geschaffen, eines Wesens mit dem Vater« gesprochen wird.

Solche Aussagen müssen gegen Missverständnisse abgesichert werden: Der Sohn ist nicht einfach der Vater, und der Vater ist nicht einfach der Sohn. Positiv kann man nach dem Neuen Testament sagen:

- Der wahre Mensch Jesus von Nazaret ist für die Glaubenden des einen wahren Gottes wirkliche Offenbarung und in diesem Sinn sein Wort, sein Sohn.

Was bedeutet dies heute? Wenn ich heute adäquat Antwort auf die Gottesfrage der Neuzeit geben will, kann ich auf die jüdisch-christliche Tradition nicht verzichten. Der Gott der Philosophen bleibt bei aller Größe intellektuell und emotional unbefriedigend, bleibt blass und abstrakt. Und das im Alten Testament noch verborgene und manchmal mehrdeutige Antlitz Gottes zeigt, manifestiert, offenbart der Menschen Jesus von Nazaret. Dankbar sein darf man denen, die mir statt einer »Gottesvergiftung« einen »freundlicheren Gott« vermittelt haben. Ich weiß: Wo Jesus ist, ist auch Gott; was Gottes Wille ist, sagt er mir; wo Jesus handelt und redet, steht Gott auf seiner Seite; wo Jesus leidet und stirbt, ist Gott verborgen anwesend.

So kann ich ihn das Antlitz oder Gesicht Gottes, aber auch Wort oder Sohn Gottes nennen. Mit all diesen Bildbegriffen ist für mich das einzigartige Verhältnis Gottes zu Jesus und Jesu zu Gott ausgedrückt.

Die antiken Begriffe von damals möchten heute manche für ihren Glauben lieber nicht mehr gebrauchen. Es gab damals aber kaum andere Möglichkeiten, als von Jesus Christus in Begriffen wie Hypostase, Person, Natur, Wesen, wesensgleich und wesensähnlich zu reden. Aber heute können wir dasselbe anders sagen. Nicht die Terminologie verpflichtet mich, sondern die vom Neuen Testament bezeugte Sache: er selbst. Nicht die wörtlich genommenen Worte sind entscheidend.

Auf das »Herr, Herr«-Sagen kommt es mir ebenso wenig an wie auf das »Gottessohn, Gottessohn«-Sagen. Wohl aber kommt es mir darauf an, dass in der Geschichte Jesu Christi wahrhaft Mensch und Gott im Spiel sind. Vom Neuen Testament her könnte ich keine Interpretation der Geschichte Jesu Christi verantworten, in welcher Jesus Christus nur Mensch wäre: nur ein Prediger, Prophet oder Weisheitslehrer, gar nur ein Symbol oder eine Chiffre für allgemein menschliche Grunderfahrung. Aber vom selben Neuen Testament her kann ich auch keine Interpretation der Geschichte Jesu Christi verantworten, bei der Jesus Christus nur Gott oder einfach Gott ist: ein den menschlichen Mängeln und Schwächen enthobener, über die Erde wandelnder Gott.

Für mich ist Jesus von Nazaret insofern Sohn Gottes, als durch ihn Gott selbst gesprochen, gehandelt, sich endgültig geoffenbart hat. Als von Gott bestätigt stellt er für mich so den bleibend verlässlichen letzten Maßstab des Menschseins dar. Christologie oder Christus-Theorie mag wichtig sein, aber Christusglaube und Christusnachfolge sind wichtiger. Aufs Christsein kommt es an, und das ermöglicht mir er, Jesus Christus.

Schon der erste Evangelist, Markus, setzte nicht etwa mit Präexistenz, wunderbarer Empfängnis und Geburt des Gottessohnes ein. Das alles interessierte ihn überhaupt nicht. Er erwähnt diese »Heilstatsachen« nicht einmal, sondern beginnt seine Erzählung von Jesus dem Gottessohn mit dem Täufer Johannes und Jesu Taufe. Die Gottessohnschaft beruht nach ihm also nicht auf einer wunderbaren Geburt oder Empfängnis, sondern auf dem Auftrag Gottes. Nach Markus macht erst die Passion Jesus zum Gottessohn, als Gottessohn offenbar, nur vom Kreuz her wird Gottessohnschaft richtig verstanden. Das Kreuz also unterscheidet Jesus von anderen Gottessöhnen. Noch deutlicher war dies schon 20 Jahre vor Markus vom Apostel Paulus ausgesprochen worden, bei dem die Kindheitsgeschichte mit wunderbarer Empfängnis und Geburt ebenfalls keine Rolle spielt. Für Paulus war *nicht* Jesus Christus als der »Gottessohn« das Spezifische seiner Verkündigung. Vielmehr das: »Ich beschloss, nichts unter euch zu wissen als Jesus Christus, und zwar als den Gekreuzigten.« Das Zeichen der Schmach ist für ihn ein Zeichen des Sieges, der Befreiung und Erlösung, ein Aufruf zum Verzicht auf ein egoistisch geprägtes Leben.

Was bedeutet das für den Unterschied von alttestamentlichem und neutestamentlichem Gottesverständnis?

- Der Gott des Neuen Testaments trägt Namen und Gesicht: Er ist der Gott Israels, der zugleich der Vater Jesu Christi ist. Der Gott des Neuen Testaments offenbart sich nicht nur in der Geschichte des Volkes, sondern in einer einzelnen menschlichen Gestalt, in der Gottes Sohn, Wort, Wille, Liebe Fleisch angenommen hat.
- Das Christliche an diesem Gott ist der Christus, der mit dem wirklichen, geschichtlichen Jesus von Nazaret identisch ist: konkret also dieser Christus Jesus.
- Das Christliche an diesem Gott – damit das letztlich Unterscheidende am Christentum überhaupt – ist ganz wörtlich nach Paulus »Jesus Christus und dieser als der Gekreuzigte«.

Von einem »gekreuzigten Gott« sollte man freilich nicht sprechen. Als ob Gott, der Vater, gekreuzigt worden sei und nicht der Sohn. Von ihm sagt Paulus: »Ich bin dessen gewiss, dass weder Tod noch Leben, weder Engel noch Gewalten, weder Gegenwärtiges noch Zukünftiges, noch Kräfte, weder Hohes noch Tiefes noch irgendein anderes Geschöpf uns zu scheiden vermag von der Liebe Gottes, die in Christus Jesus ist.«

Von Mann zu Mann

(bei einem Männer-Gottesdienst gesprochen)

Ich glaube an einen Gott, mit dem ich wie von zu Mann, wie mit einem guten Freunde, über alles reden kann.

An den Gott des Alten Testaments, der es donnern lassen kann, aber sich Mose und Elia in einem leisen warmen Wind offenbarte, als Elia in der Höhle stand,

an einen Gott, der mit Jakob rang und nicht siegte,

an einen Gott, mit dem Abraham um das Wohlergehen Sodoms feilschen konnte,

an Gott, der Tag und Nacht mit seinem Volk auf dem Weg ist, der demselben Volke aber durch Propheten heftig und deftig ins Gewissen redet,

an einen Gott in Gestalt von Jesus Christus, der die Taufe einsetzt, um seine Freundschaft zu beweisen, ohne Gegenleistung,

an Jesus Christus, der mit Männern und Frauen zusammengelebt hat, wie in einer großen WG, und ihnen einen Eindruck von Reich Gottes gegeben hat,

an Jesus Christus, der durch seine Liebe zu seinen Jüngern diese zu innigen Freunden gemacht hat, was sie auch nach seinem Tode zusammenhielt,

an den Heiligen Geist, Gottes allgegenwärtigen Boten, der uns tröstet, wenn die Gesetze dieser Welt uns zu stark in Beschlag nehmen,

und an Gott, der auch heute noch seine Propheten in diese Welt und zu seiner Kirche schickt, um sie so ihrer wahren Bestimmung zuzuführen.

HANS-FRIEDRICH ROTH, MANNHEIM

Daran glauben wir

Gott hat es gewollt, dass es diese Erde gibt.
Und Gott will, dass wir leben können.
Daran glauben wir.

Von Gott her ist das klar:
Es gibt einen Ausweg
aus allem, was Menschen verpfuscht haben.
Krieg soll nicht mehr sein.
Menschen werden frei von der Abhängigkeit von Alkohol.
Daran glauben wir.

Wir können zu Gott beten.
Alles können wir Gott sagen.
Und Gott vergibt uns alle unsere Fehler.
Daran glauben wir.

Es gibt ein Leben nach dem Tod.
Das ist gut.
Dort finden wir Ruhe.
Daran glauben wir.

Gott will nicht,
dass Menschen sich schlagen.
Gott steht dafür ein,
dass es endlich gerecht zugeht auf Erden.
Daran glauben wir.
Amen.

GLAUBENSBEKENNTNIS DER DREI JUGENDLICHEN TIMO, RENE UND SVEN AUS EINER FREISTÄTTER JUGENDWOHNGRUPPE.
Eingesandt von Eckhart Schätzel,
Pastor der Evang.-luth. Kirchengemeinde Freistatt

Bekenntnis einer Pfarrgemeinde

Ich glaube an Gott, der mich nach seinem Bild einzigartig erschaffen hat,
der in Jesus Christus Mensch geworden ist,
der sich mir zuwendet und mich sorgend begleitet
in frohen und leidvollen Stunden
wie ein zärtlicher Vater und eine liebevolle Mutter.

Ich glaube an Gott, der die Menschen als Mann und Frau
gleich an Würde und Wert erschaffen hat.

Ich glaube an Gott, der mir im Nächsten begegnet,
in allen gelungenen menschlichen Beziehungen,
aber auch dort, wo mich Schwierigkeiten herausfordern.

Ich glaube an Gott, der meine Enge aufbricht,
der Licht in mein Dunkel bringt,
der mich in meiner Unvollkommenheit und in meinem Scheitern
bedingungslos annimmt und mich rettet aus der Bedrängnis.

Ich glaube an Gott, der mir ein erfülltes Leben zugedacht hat,
das ich zur Entfaltung bringen darf.

Ich glaube an Gott, der im Heiligen Geist gegenwärtig ist
und in mir den Glauben lebendig macht.
Er gibt mir Kraft, mutig neue Wege zu gehen
und so mein Leben zu verwirklichen.

Ich glaube an Gott, der Kirche als vielfältige Gemeinschaft gestiftet hat,
deren Mitte und Einheit Jesus Christus ist.

Ich glaube, dass wir gesandt sind, im Alltag aus dem Geist Jesu zu leben.

Ich glaube, dass wir gerufen sind,
mit Gottes Schöpfung verantwortungsvoll umzugehen,
unser Gespür für soziale und wirtschaftliche Ungerechtigkeiten
zu entwickeln und mutig für Gerechtigkeit, Menschenwürde
und Freiheit einzutreten.

Ich glaube, dass wir gerufen sind, uns unermüdlich
für einen friedlichen Umgang mit Konflikten einzusetzen
sowie Vorurteile und Misstrauen gegenüber Fremden
und Ausgegrenzten abzubauen
und ihnen mit einer Haltung von Achtung und
Solidarität zu begegnen.

Ich glaube an Gott, der mir im täglichen Leben Auferstehung möglich macht
und mein Leben am Ende meiner Tagezu seiner Vollendung führt.

DAS GLAUBENSBEKENNTNIS DER PFARRGEMEINDE SANKT GEORGEN/GUSEN ist in einem einjährigen Kleingruppenprozess entstanden. Die persönlichen Glaubens- und Gotteserfahrungen wurden untereinander ausgetauscht, zusammengetragen und als Bekenntnis der Pfarre formuliert. Anfang Dezember 1999 wurde dieses gemeindliche Glaubensbekenntnis in Anwesenheit des Bischofs feierlich angenommen.

Wie das Leben

Ich glaube, dass

Gott wie jeder andere ist
Gott alles Lebende mag
Gott uns Menschen mag
Gott keinen Krieg will
Gott alle Menschen heilen kann
Gott in uns allen ist
Gott alles sehen kann
Gott wie das Leben ist

EINGESANDT UNTER 23 CREDOS VON MAREIKE SCHÄFER UND HEIDI STROBELT, RELIGIONSLEHRERINNEN DER 3. UND 4. KLASSE DER GRUNDSCHULE AACH IN DORNSTETTEN.

Gemeinsames Bekenntnis

Ich glaube an Gott,

den Schöpfer des Himmels und der Erde, den Vater alles Lebendigen;
den Schöpfer aller Energie und aller naturwissenschaftlicher Gesetze;
der nicht allmächtig sein muss;
der versucht, sein Werk zu schützen und zu unterstützen;
der den Menschen Kraft gibt in schweren Zeiten.

Und an Jesus Christus,

der – mit einem besonders innigen Vatergottglauben ausgestattet – ein wahrer Sohn dieses Gottes gewesen ist.

Ich glaube an die Lehre, die Jesus gelebt hat, geprägt von praktizierter Nächstenliebe.

Jesus wurde für seine Überzeugung gekreuzigt.

Ich glaube an den göttlichen guten Geist,

der in der Gemeinschaft von gläubigen Menschen lebendig wird,

und an den guten Sinn der Schöpfung.

EINGESANDT VON MARKUS GRÜNTER, FRECHEN.
Der Text ist das »gemeinsame« Glaubensbekenntnis der »gläubigen« Schüler und Schülerinnen eines Religionskurses im Marie-Curie-Gymnasium in Düsseldorf.

Glaubensbekenntnis einer 10. Hauptschulklasse

Ich glaube an etwas,
das ich nie gesehen habe,
denn an irgendetwas glaubt jeder.
Es hat mit der Erschaffung der Welt zu tun
und sich jetzt zurückgezogen.
Vielleicht bin ich ihm den Glauben schuldig, weil es sich
auch um mich sorgt.
Am Ende werden wir für unser Tun
»die Rechnung präsentiert bekommen«.
Ich denke oder glaube auch an Jesus, der für Frieden
eintrat, dabei auf Gewalt verzichtete
und gekreuzigt wurde.
Das war zwar gut gemeint, konnte aber gegen
das Elend der Welt nichts ausrichten, denn daran
sind die Menschen selber schuld.
Ich glaube nicht an die Kirche mit ihren manchmal
scheinheiligen Gottesdienstbesuchern und ihren
teilweise veralteten Regelungen.
Ich glaube nicht an die Kirche, die nur was für alte
Leute ist. Sie hat mir als modernem Menschen
fast nichts mehr zu bieten.
Wir haben gelernt, was Glauben bedeutet, aber entscheiden
selbst, ob wir glauben wollen.
Wenn wir es wollen, ist es egal, was andere
über uns sagen.
Amen?!

Zur Entstehung dieses Credo-Textes: Theologie-Studierende der Theologischen Fakultät Trier stellten sich der Aufgabe, mit Schülerinnen und Schülern darüber ins Gespräch zu kommen, wie sie (an) Gott glauben und denken. Eine Gruppe des Trierer Priesterseminars fand heraus, was und wie die Klasse 10 der Hauptschule Ehrung glaubt.

Mein Credo

1. Ich glaube, dass alles Dasein und alles Leben aus einem guten Gott hervorgegangen ist, der alles erhält und alle Wesen zum Höheren leiten will. Darum glaube ich, dass auch mein Leben einen hohen Sinn hat und dass letztlich alles gut wird. Ich vertraue auf Gottes Macht und Güte, auch wenn ich sein Wesen und Wirken nicht ganz verstehen kann, weil es mein menschliches Denkvermögen übersteigt.

2. Ich glaube, dass es die Aufgabe jedes Menschen ist, den Frieden und die Liebe zu Gott und allen Geschöpfen in sich wachsen und im Denken, Reden und Handeln wirksam werden zu lassen. Der Mensch Jesus hat mir mit seinen Geboten der Liebe, mit seinem Mut und seinem Gehorsam gegenüber Gottes Willen eine Richtschnur für mein Leben gegeben. Ich vertraue auf den lebendigen Jesus Christus, dass er mir im guten Bemühen beisteht, wenn ich ihn um Hilfe anrufe.

3. Ich glaube, dass ich aus einer umfassenden geistigen Welt kommend in diese sichtbare irdische Umgebung hineingeboren bin, wo ich durch Schicksale und Prüfungen lerne, meine eigenen Charakterfehler zu erkennen und zu überwinden.

Ich glaube, dass die geistige Welt uns im Leben umgibt und inspirierend, segnend oder auch versuchend auf uns einwirkt. Es liegt an mir, mit welchen geistigen Kräften ich mich verbinde, wessen Hilfe ich erbitte.

Ich glaube, dass ich im Sterben meinen materiellen Körper ablege, dass ich als geistiges Wesen weiterlebe, um mich mit Gottes Hilfe weiter zu ihm hin entwickeln zu können.

4. Ich kann Gott begegnen in der Natur, in der Weisheit und Schönheit seiner Schöpfung, ich kann ihn erspüren in der Lebenskraft, die mich und alle Wesen durchpulst. Ich kann mich von Gott berühren lassen im Erleben von Musik und Kunstwerken begnadeter Künstler. Und ich kann Gott erfahren in der Tiefe meiner Seele, in der Stimme des Gewissens.

5. Den hohen Religionen und Kirchen der Menschheit wünsche ist, dass sie endlich zum Frieden und gegenseitigen Respekt kommen; dass sie als menschliche Organisationen ihren Absolutheitsanspruch aufgeben und ihre Mitglieder zur Freiheit in Glaubensfragen und zur Ehrfurcht vor anderen Wegen ehrlicher Gottesbeziehung anleiten, dass sie sich gemeinsam weltweit für Frieden, Gerechtigkeit und Bewahrung der Schöpfung einsetzen.

GÜNTER EMDE, PITTENHART (OT OBERBRUNN)

Einfach nur »Du«

Ich bekenne, dass ich nur an einen Gott glauben kann, der die Liebe ist und der auch meine Liebe braucht; der alles umschließt und mich führt – wie es im Psalm heißt: »Von allen Seiten umschließt du mich und du legst deine Hand auf mich.«

Ich glaube, dass Gott ein zärtlicher Vater ist, damals und heute, und dass sein Geist in uns wirkt.

Ich glaube an Gott, obwohl ich ihn nicht sehe, an Gott, der in Begegnungen erlebt wird und der auch in Begegnungen verhindert werden kann.

Ich freue mich an Gottes Schöpfung in der ersten Blume im Frühling, im Sonnenuntergang an der Nordsee, beim Anblick der Sterne und auch, wenn ich den Wind spüre.

Ich hoffe auf einen gerechten Gott und glaube an einen barmherzigen Gott. Sonst ist mein ganzer Glaube kaputt.

Gott – du bist für mich Vater und Sohn, Mutter und Jahwe, der Nazarener oder einfach nur »Du«.

DIESES CREDO DES GESPRÄCHSKREISES »CHRISTEN IN DIALOG« IM *DACHAUER FORUM* E.V. ENTSTAND ANGEREGT AUS DER DISKUSSION UM DAS CREDO VON WALTRAUD WIEN, MÖTZINGEN, IN PUBLIK-FORUM (20/99)

Die Kraft des Lebens

Ich glaube an Gott,
der die Welt ins Leben rief,
der aus Liebe zu ihrer Schöpfung in die Welt kam,
um unser Menschsein zu teilen in Freude und Verzweiflung.
Ich glaube an einen liebenden Gott, der blind ist für Hautfarben
und der uns in die Freiheit stellt, Leben zu erhalten,
Frieden zu fördern und die Schöpfung zu bewahren.
Ich spüre Gottes Plan in einem Funken Licht hier und da,
wo die Menschheit darum kämpft,
ein menschliches Gesicht zu bewahren.

Ich glaube an Jesus von Nazareth,
geboren als Mensch in Israel von Maria,
der seine Feinde liebt und ihnen verzeiht.
Er lebte unter den Armen und sprach die Wahrheit,
um den Unterdrückten die Augen zu öffnen.
Er verkündigte ihnen Befreiung.
Er wurde verhaftet und wurde gefoltert von Soldaten,
auf Pilatus' Befehl.
Er stand am dritten Tage auf als Sieger über den Tod und Todesmächte.

Ich glaube an Gottes Geist,
der in Worten und Zeichen an uns wirkt:
Er ist die Kraft des neuen Lebens in Christus.
Und an die Gemeinschaft der Ungezählten,
die für seine Taten und Worte empfänglich sind.
In seiner Gemeinschaft gibt es weder Juden noch Griechen,
weder Sklaven noch Freie, weder Mann noch Frau,
denn wir sind alle eins in der Erlösung durch ihn.

Ich glaube an die Vergebung der Sünden,
an ein ewiges Leben und an die Zukunft in einer neuen Welt.
Ich spüre Gottes Plan in einem Funken Licht hier und da,

wo die Menschheit darum kämpft,
ein menschlicheres Gesicht zu bewahren. Amen

KONFIRMANDENKURS DER EVANGELISCHEN GEMEINDE DEUTSCHER SPRACHE IN LUXEMBURG

Ich glaube nicht an den Krieg

Ich glaube an den Frieden,
den Hüter von Liebe, Freundschaft und Gerechtigkeit.
Und an die Hoffnung in der Gestalt des Botschafters,
gesandt von den vereinigten Ländern,
bedroht, beschossen von Radikalen,
entführt,
in ein Konzentrationslager gebracht,
geklettert über den Stacheldrahtzaun,
entkommen,
seinen Posten wieder aufgenommen.

Er wird zurückkehren, um uns zu befreien.

Ich glaube an die, die nach ihrer Freiheit schreien,
an die, die gegen Rassendiskriminierung kämpfen,
an die, die für ihre Rechte auf die Straße gehen,
und an die, die den Mut haben, die Wahrheit zu sagen.

Ich glaube nicht an den Krieg, sondern an den Frieden.

Amen!

DIESES CREDO VERFASSTE IM RAHMEN DES CREDO-PROJEKTES IM RELIGIONSUNTERRICHT MARLENE REINDL AUS DER KLASSE 9D DES JOSEPH-VON-FRAUNHOFER-GYMNASIUMS IN CHAM (OBERPFALZ). EINGESANDT VON ANDREAS SCHMID.

Was ich beim Sprechen des alten Credos denke

VON JÖRG ZINK

Wenn wir so in einer Gemeinde stehe und wir miteinander das Apostolische Glaubensbekenntnis sprechen, was geschieht dann in den Menschen rechts und links in den Kirchenbänken? Was drücken sie damit aus? Manche unter ihnen sprechen es willig mit, weil es zu den ehrwürdigen Schätzen unserer Kirche gehört. Manche sprechen es, weil es sie nun durch ein langes Leben begleitet hat und weil sie ohne darüber nachzudenken, warum, empfinden, es gehöre wohl einfach zu einem vollständigen Gottesdienst. Andere sind gespalten. Sie bejahen den einen Satz, etwa den vom Schöpfer Himmels und der Erde, und wissen mit dem anderen, etwa dem von der Jungfrauengeburt, nichts anzufangen. Wieder andere suchen, Ihren Ärger darüber, dass sie fortwährend an etwas gebunden sein sollen, das ihnen fremd ist, sich nicht anmerken zu lassen und überstehen die Zeit, während sie es mitsprechen, mit innerer und äußerer Disziplin. Und noch einmal andere sagen sich in der Stille, dass, wenn dies das Verbindende unter den Christen sei und das, was die Kirche ausmache, sie wohl außerhalb ihrer Grenzen stünden. Und dieses stille oder laute Weggehen und Abschiednehmen währt nun schon an die hundert Jahre.

Ab wann ist man denn ein rechter Christ? Gott, der Schöpfer. Ja, das kann hingehen. Jesus Christus, der Sohn Gottes, das ist schon schwieriger. Seine Herkunft aus dem Geist. Die Jungfrauschaft der Maria. Das wird immer merkwürdiger. Nach dem Leiden und Sterben, das man durchaus glauben will, kommen die Höllenfahrt und die Auferstehung. Wenn aber die

Himmelfahrt nicht auch noch dazukommt, dann fehlt etwas. Und dann kommt noch das gefährliche Bild vom göttlichen Richter und von seinem Wiedererscheinen am Ende der Zeit. Aber selbst wenn dies alles hingenommen wird, fehlt es noch immer an allen Enden. Dann kommt noch der Heilige Geist, unter dem man sich so schwer etwas vorstellen kann, die heilige Kirche, von der doch angesichts ihrer banalen Wirklichkeit niemand weiß, wo sie sich aufhält, die Gemeinschaft der Heiligen, zu der man doch sicher nicht gehört. Und dann der versöhnliche Schluss, wo die Dinge stehen, die man gerne glauben möchte: die Vergebung der Sünden, die Auferstehung der Toten und das ewige Leben.

Ich sage nicht, das apostolische Credo sei falsch. Ich sage nicht, es sei überholt. Für mich selbst hat es nach wie vor einen ehrwürdigen, einen starken Klang und Wortlaut. Ich kann mir unter den einzelnen Punkten durchaus etwas vorstellen, das mich angeht Aber unsere Kirche besteht nicht aus Menschen, die in der Geschichte leben, von der dieser alte Text geprägt ist. Und mir ist sicher, dass wir in dem, was wir da bekennen, nicht mehr zu Hause sind. Mir ist auch gewiss, dass wir mit diesem alten Glaubensbekenntnis im 21. Jahrhundert noch fremder stehen werden als im zwanzigsten. Wenn es aber die neuen Versuche nicht sein sollten, die auf die Dauer gemeinsamer Besitz der Kirchen werden und sie verbinden könnten von einem Ende der Erde bis zum anderen, was sollen wir dann tun? Ist die Zeit vorformulierter Bekenntnisse vielleicht überhaupt zu Ende? Und was dann?

AUS: JÖRG ZINK »DAS CHRISTLICHE BEKENNTNIS. EIN VORSCHLAG«,
KREUZ VERLAG, STUTTGART 1996

Jesu uferlose Menschen- und Gottesliebe

Ich glaube:

Gott ist Geist, frei und gutherzig.

Gott ist Vater und Mutter aller Menschenkinder und liebt sie alle, auch die Verirrten.

Gott weiß und fühlt alles in seiner Schöpfung und Gottes Allmacht ist weise.

Gott hat uns mit der Fähigkeit geschaffen zu erkennen, wie wir nach seinem Willen leben sollen.

Gott vergibt uns nach unserer Einsicht und Reue unsere Fehler und Schwächen, auch große Verfehlungen.

Gott schenkt uns die nötigen Erdenlebenszeiten, die wir benötigen, bis wir uns nach seinem Bilde entwickelt haben und somit von der Erdgebundenheit befreit zu ihm zurückkehren können.

Ich glaube:

Jesus Christus kam als Menschensohn mit einer hoch entwickelten Seele über Maria und Josef auf diese Erde.

Jesus Christus half den Menschen über seine Lehre, sich von Angst und Unterdrückung zu befreien.

Jesus Christus war den Menschen Vorbild und besiegte durch seine uferlose Gottes- und Menschenliebe die negativen Mächte in der Welt.

Jesus Christus wurde sehr nah zu Gott erhoben und hilft dem Menschengeschlecht auch weiterhin mit seiner liebenden Seele.

Ich glaube:

Durch die Hilfe und das Wirken des Heiligen Geistes Gottes und aller guten Seelen im Universum Gottes wird sich das Erlösungswerk für die Menschheit weiter gut entwickeln und vollenden.

Satanische Einflüsse haben dann keinen Raum mehr in der Menschenseele.

IRMGARD KOCH, NEUSS

Glaube an die Liebe

Ich glaube an Gott, den Allmächtigen, den Schöpfergeist,
der alles erschaffen hat
und an Jesus Christus, den Gesalbten,
der für uns den Weg der Liebe gegangen ist.

Ich glaube an den Heiligen Geist,
der alles durchdringt und unmittelbar anwesend ist,
ohne ihn geschieht nichts.

Ich glaube an die Liebe, die Gott selbst ist, die uns befähigt,
die Würde eines jeden Menschen zu erkennen und zu respektieren,
trotz der naturgemäßen Ungleichheit unter uns Menschen.

Ich glaube an die uns von Gott gegebene Freiheit,
die uns heilig ist und durch nichts genommen werden darf.

Ich glaube an die Gerechtigkeit, ohne sie ist kein Frieden möglich.

Ich glaube, dass das Böse durch Güte überwunden werden kann.

Ich glaube, dass das Ziel unseres Daseins ist,
den Sinn unseres Lebens zu finden:
die uns von Gott gegebene Einmaligkeit zu entdecken,
die Wirklichkeit in uns zum Wirken zu bringen,
so dass die erkannte Gabe zugleich Aufgabe wird
zur Mitwirkung an der Vervollkommnung dieser Welt.

Ich glaube, dass die Propheten in allen Religionen uns geschenkt werden,
um uns den unfassbaren Gott fassbarer zu machen.

Ich glaube an die Existenz anderer Wirklichkeiten,
die uns noch verborgen sind,
aber mit uns zum Reich des Erschaffenen gehören.

Ich glaube an eine Ewigkeit, wo alles Erschaffene am Ende aller Zeiten
mit dem Schöpfer vereint sein wird in Herrlichkeit.

ANDREA TEURLINGS, MÜNSTER

Anrufung

Du
dessen name
so heilig war

dass niemand ihn
wagte zu nennen
dass niemand ihn
nennen durfte

Du
über namen und natur
nicht in zeit noch im raum
dennoch – sagt man – liebend
wer bist du?

Unendlich ist
die zahl deiner namen
jeder kennt dich
und keiner

Nun rufe ich
in meiner not
zu wem?
Zu dir?

O diese not
lächerlich angesichts
unendlicher nöte
unzähliger menschen

meines gleichen
es seufzt ja
die ganze
erde ... !

Aber mit manchen anderen
warte ich weiter auf dich
an den ich nicht glaube
auf den ich trotzdem

ständig inständig
unsäglich täglich
tätig untätig
hoffe ...

PETER JÜRGEN RIECHHOFF, MARBURG

Gottes Liebesgestalt

Ich glaube an den Gott, der mein Vater ist und von dem alles Leben ausgeht.

Ich glaube an Jesus Christus, den Herrn und Heiland aller Menschen; der mit dem Geist seines Vaters beschenkt und durch ein unbegreifliches Wunder von der Maria geboren wurde.

In ihm nahm Gottes Liebe Gestalt an. Er kümmerte sich um die Schwachen und war ein Bruder für die Ausgegrenzten.

An den Sohn Gottes glaube ich, der für meine Schuld gelitten hat und für mich am Kreuz gestorben ist.

Dieser hat den Tod besiegt und ist zu seinem Vater zurückgekehrt. Bei ihm wird er bleiben, bis er wiederkommt, um uns zur Rechenschaft zu ziehen.

Ich glaube an den Heiligen Geist. Eine einige, christliche Kirche, die sich zu Gott bekennt. Die Gemeinschaft der großen Familie Gottes. Vergebung aller Schuld. Auferstehung nach dem Tode und ein ewiges Leben.

Amen.

UTE UERPMANN, ISERLOHN-LÖSSEL

Ich hoffe, dass ich tanzen werde

Ich glaube an den Weg.
Ich glaube, dass wir aufstehen können gegen Zwang
und gegen das Leid,
auferstehen in der Fülle des Lebens.

Ich glaube daran, dass wir das Brot teilen können
und die Vielfalt unserer Träume
und dass die Erde neu wird
im Miteinander von Frauen und Männern.

Ich glaube, dass uns das heilt,
einander die Schmerzen anvertrauen
zärtlich und wachsam sein
für die Sehnsucht der anderen.

Ich glaube, dass sich der Himmel öffnet, immer wieder
und dass deine Kraft wächst
unaufhaltsam in jeder Blüte, in jedem Baum,
in meinem Körper.

Ich hoffe, dass ich tanzen werde
im rot und goldenen Kleid deiner Liebe
geflüstert das Leben, erhofft und ewig.

REINHILD TRAITLER 1989, EINGESANDT VON ILSE HILDEBRAND, BRAUNSCHWEIG

Vertrauen auf die ewige Liebe

Ich glaube an das Unaussprechliche, das all unsere Vorstellungen Überragende, die Macht und Kraft, die alles geschaffen hat und erhält, in der das Lebenserhaltende über das Lebensvernichtende dominiert. Ich gebe dem Unaussprechlichen einen Namen: *Jahwe/Gott.*

Ich vertraue darauf, dass die Liebe Gottes in Jesus Christus erfahrbar war und ist. Er ist als Sohn Gottes und als Mensch mit allen anderen verbunden. Er wurde gezeugt in Reinheit von seiner ihn liebenden Mutter Maria. Seine Liebe ermöglicht das Gute in jedem Menschen. Sie ermöglicht Befreiung aus Angst und Kleinheit.

Ich glaube daran, dass Leid anzunehmen ein Teil des Weges zum Reich Gottes ist. So wie Jesus unter Pontius Pilatus gelitten hat, gekreuzigt, gestorben und begraben wurde, können wir Leid annehmen, bearbeiten und begraben.

Ich glaube daran, dass Jesus das Böse in sich besiegt hat. Das war die Voraussetzung für seine Güte gegen jederfrau und jedermann.

Ich vertraue darauf, dass die Liebe nicht vernichtet werden kann. Ist sie mitunter hinabgestiegen in das Reich des Todes, so wird sie auferstehen und Leben ermöglichen. Ich vertraue auf Jesus Christus als lebenserhaltende Liebe in der Nähe des Unausprechlichen, der alles erhaltenden Macht und Kraft.

Ich vertraue auf die alles verbindende Gemeinschaft der Suchenden, auf die eine Kirche des Geistes, die ihre Kraft aus der Liebe zeugt.

Ich glaube daran, dass alle Menschen in der Einen Welt im Guten wie im Bösen verbunden sind. Ich vertraue darauf, dass Schuld bekannt und Sünden vergeben werden.

Ich glaube an die Errettung jedes Einzelnen, an die Gnade seiner Auferstehung und daran, dass sich sein Leben im Unerklärlichen vollendet und verewigt.

FRANK WERNICK-OTTO, POTSDAM

Nichts trennt mich von der Liebe Gottes

Ich glaube an Gott, den Vater von Jesus Christus und allen Menschen,
den ich achten will als den, der alles lenkt,
der auch mein Leben lenkt, obwohl ich oft nicht begreife,
warum dieses oder jenes geschieht.
Gott ist für mich überall, in jedem Baum, in jeder Blume,
in jedem Menschen und in allen sichtbaren und unsichtbaren Dingen,
und lässt sich von mir entdecken.
Ich glaube, dass Gott alle Welt und das Weltall den Menschen
geschenkt hat, um mit ihnen verantwortungsbewusst umzugehen.
Er gibt mir Platz zwischen Himmel und Erde
und gibt mir Kraft und Hoffnung nach den Sternen zu greifen.

Ich glaube an Jesus Christus, seinen einzigen Sohn,
den er als Mittler zu uns als Mensch geschickt hat,
geboren durch Maria, eine auserwählte Frau.
Als Volksverhetzer wurde er verbannt und verfolgt
und zum Tode am Kreuz verurteilt.
Er starb und wurde begraben, durchlitt das Dunkel des Todes
mit all seinen Schrecken.
Am dritten Tag wurde er ins Leben erweckt
und kehrte zurück in den Kreis seiner Jünger.
Danach ist er mit dem Vater eins geworden,
vor dem wir uns an unserem Lebensende verantworten müssen.

Ich glaube an die Kraft, die mich in Wahrheit leitet,
die Kraft, die in uns lebt,
die mich verändern kann,
die mir Mut gibt für alle Tage,
die mir Anstoß gibt Gutes zu wollen,
die mich segnend tröstet,
die mich tröstend segnet.
Ich glaube, dass Gott keine Unterschiede zwischen den Konfessionen macht.
Ich glaube an die Gemeinschaft aller Christinnen und Christen.

Ich glaube, dass Gott mir das vergibt, was mich von ihm trennt – wenn ich ihn darum bitte: in Gedanken, Worten und Taten.
Ich glaube an das Leben nach dem Tod, das nie endet.
Ich bin gewiss, dass weder Tod noch Leben mich trennt
von der Liebe Gottes.
Ich lebe in der Gewissheit, dass ich nach dem Tod
in der Gemeinschaft mit Gott leben darf.
Amen

IM FRAUENGESPRÄCHSKREIS DER EVANGELISCHEN KIRCHENGEMEINDE MURG-RIECKENBACH ERARBEITET

der liebe gottes in jesus christus vertrauen

ich vertraue darauf,
dass gott evangelische und katholische liebe zugleich ist.

ich habe gehört,
dass diese weltumfassende, frohmachende, vergebende, befreiende, versöhnende und friedenstiftende liebe in jesus von nazaret mensch geworden und für alle menschen – ohne ansehen der rasse, hautfarbe, herkunft, konfession und was es sonst für unterschiede geben mag – da ist.

ich habe erfahren,
dass menschen, die über diesen jesus informiert werden,
über ihn nachdenken,
sein verhalten begreifen,
von seinem handeln ergriffen werden
und nicht mehr anders können,
als sich für und mit menschen zu engagieren –
das heißt heute, sich politisch und sozial einzusetzen –
um menschen zu helfen, wie jesus uns menschen geholfen hat. – so sei es.

ERIKA FLAIG, MÜLHEIM

Zu Gott wird sich alles vereinen

Ich glaube an gar nichts,
und vertraue auf Gott und seine Erfahrungen,
den Vater, den überall Mächtigen durch die Verwirklichung im Stoff,
den Schöpfer des Himmels und der Erde,
den Grund aller Existenz.

Und über Jesus Christus,
einen eingeborenen Sohn
unseres Herrn,
empfangen wir den Heiligen Geist,
geboren von der Mutter,
gelitten unter der Geschichte,
gekreuzigt zum Sterben und dann begraben,
hinabgestiegen an das Reich des Todes,
am dritten Tage auferstanden vor dem Tode,
unsterblich noch im Jenseits;
er sitzt zur Rechten Gottes,
des mächtigen Vaters im All;
von dort wird er kommen, nach dort wird sich alles vereinen,
um zu richten die Lebenden wie die Toten.

Ich hoffe auf den Heiligen Geist,
die heilige christliche Kirche,
als einen Aspekt der allumgreifenden Religiosität,
Gemeinschaft der Heiligen, der Heiligsten und der heiligsten Heiligen,
Vergebung auch ohne Sünden,
Aktiven Anteil der Toten
am ewigen Leben.

SVEN SCHALENBERG, MAINZ

Gottes Liebe bewegt mein Herz

Ich glaube an Gott, den Schöpfer und Herrn meines Lebens, den Urgrund meiner Existenz.

Ich glaube an *seinen* Sohn Jesus, den Christus, meinen Erlöser, der vor allem dann an meiner Seite sein wird, wenn es dem mir liebsten Menschen nicht mehr möglich ist, mich zu begleiten; wenn Gott mich aus diesem Leben abberuft und ich durch das dunkle Tor des Todes gehen muss. Ich glaube, dass dann mein Erlöser Jesus Christus mich begleitet und zu meinem Anwalt wird im Reiche Gottes.

Ich glaube an *seinen* Heiligen Geist, den uns Jesus Christus nach seinem Heimgang zum Vater gesandt hat. Ich glaube daran, dass *er* mein Leben immer wieder umfassend erneuert; mich aufrichtet und tröstet, mich auf meinem Lebensweg begleitet und in alle Wahrheit einführt und mit *seiner* Liebe mein Herz bewegt.

HORST JOSEF BECKER, REALSCHULLEHRER I. R., MONHEIM

Ewig geplantes Heil der Menschen

Ich glaube an Gott, den unergründlichen, unfassbaren Schöpfer des Alls. – Und an Jesus, den Christus, der ihn Aba = lieber Vater nannte, und der von Ewigkeit her in seinem Plan, von seinem Geiste erfüllt, zum Heil der Menschheit wurde. – Geboren als Jude von seiner Mutter Maria, erlitt er unter Pontius Pilatus den Kreuzestod und wurde begraben. – Auferstanden von den Toten sitzt er zur Herrlichkeit Gottes und wird wiederkommen zu richten Lebende und Tote. – Ich glaube an den Heiligen Geist, der im liebenden Austausch mit dem Schöpfer und mit Christus, dem Erhöhten, alles bewirkte im Himmel und auf Erden. – Ich glaube an eine pilgernde Kirche (auf Erden) in Gemeinschaft mit den Heiligen an die Vergebung der Sünden und ein ewiges Leben in der Liebe Gottes.

INGEBORG HILKE, BONN

Gott ist die Liebe

Mein Credo ist das der katholischen Kirche und der gesamten Christenheit. Doch bin ich täglich dabei, mir dieses Credo persönlich anzueignen, und dies vom einzig zentralen Wort LIEBE aus, denn Gott ist die Liebe. Gerade der franziskanische Gelehrte Johannes Duns Skotus hat mich mit seiner Lehre von der Gottes- und Menschenliebe, verbunden mit der Selbstliebe als Selbstbejahung, beeindruckt.
Ich möchte in Kürze etwa so sprechen:

- Gott, der vollkommene Selbstliebe und daher mehr als menschliche Liebe ist, schafft meine Liebe täglich neu, da er mich einlädt, mit ihm zu lieben.
- Der vollkommen Mit-Liebende unter den Menschen ist Jesus Christus, der aus der Liebe Gottes kommt und die Liebe ganz hat. Daher ist er in seiner Liebe mit Gott eins.
- Sein Geist der Liebe erneuert mich aus der Tiefe meiner Person heraus zu immer mehr Liebe, sodass mein Leib und meine Seele sich zu einer neuen Gestalt des Geistes umbauen, ähnlich ihm, Jesus Christus, mit dessen Liebe ich verbunden sein darf.
- Am Kreuz war Jesus Christus in seiner Liebe siegreich und stärker als Hass, Sünde und Tod. Daher lebt er als Auferstandener durch diese Liebe, die er selber ist, weiter – und auch in mir.
- An seiner Liebe lässt sich jede Liebe messen, ob sie das Leben fördert oder nicht. In seiner Liebe ist Christus die vollendete und vollendende Gestalt auch meiner Liebe.
- Alle Menschen sind auf diese Liebe Christi bezogen, da sie von Gott kommt, denn Gott ist die Liebe. Jeder Mitmensch ist ein Hinzutretender in dieser Liebe und daher als Mit-Liebender willkommen. Ich darf seine und meine Liebe, mit der er und ich auf Christus als der Endgestalt des Menschen veranlagt bin, lieben.
- Die Kirche ist die Familie der Mit-Liebenden. Als solche umfasst sie alle Menschen und bezieht alle in die Liebe ein, sodass immer mehr Liebe sei.

- Ich danke für die Taufe, in der ich von der Liebe Gottes in Jesus Christus angenommen bin und die mich nicht mehr verlässt, vielmehr mir beisteht in Schuld und Not, in Krankheit und Tod, in Glück und Erfolg, zum ewigen Leben in Liebe mit Gott – die kommende Menschheit in der Gestalt der Liebe.

P. DR. HERBERT SCHNEIDER OFM, TÄTIG IN DER ORDENSLEITUNG DER FRANZISKANER IN ROM (CURIA GENERALE DEI FRATI MINORI)

Am Ende siegt die Liebe

(in Anlehnung an einen Text aus Simbabwe)

Ich glaube an den einen Gott, blind für Hautfarben,
den Schöpfer einer bunten Menschheit,
der das Universum erschuf
und eine Fülle von Kostbarkeiten ausgeschüttet
zur gerechten Verteilung unter seinem Volk.

Ich glaube an Jesus Christus,
geboren von einer Frau des einfachen Volkes,
der Gottes Liebe bis zur letzten Konsequenz gelebt hat,
der verlacht, entstellt und hingerichtet wurde
und am dritten Tag als Sieger erstand.

Ich glaube an den Geist, der versöhnt,
an eine Kirche der Entrechteten
als Gemeinschaft der Ungezählten, die leiden
und die bereit sind, die Welt im Sinne Gottes zu gestalten.

Ich glaube an die Auferstehung des Menschen
in Gerechtigkeit und Gleichberechtigung
und an den endgültigen Sieg geschwisterlicher Liebe.

EWALD LEIBOLD, MARGETSHÖCHHEIM

Das Geschenk des Glaubens

Ich glaube an dich, Herr!

Ich glaube daran,
dass Du die »Personifizierung« des Guten
und der Liebe bist,
dass Du mich als Vater *und* Mutter trägst und
mich hältst bis an das Ende und darüber hinaus,
denn Du bist auch die Ewigkeit.

Ich glaube daran, dass Du bei mir bist, während ich lebe,
mit mir sprichst, während ich bete,
mir den Weg weist, während ich
durch mein Schicksal schlingere.

Ich glaube daran,
dass ich nach Deinem Willen geworden bin,
und Du mich bedingungslos liebst.

Ich glaube daran, dass Du Mensch geworden bist,
um mir, dem Menschen, der ich bin,
diese Liebe mitzuteilen,
und um mir Deinen
Dir für mich vorschwebenden Weg zu zeigen.

Denn ich glaube auch daran,
dass Du mir einen freien Willen gegeben hast,
mit dem ich, leider, viel zu viel falsch mache, sündige.

Mein Glaube ist ein großzügiges Geschenk von Dir,
gewährt durch Deinen Geist,
mit der Auflage zum verantwortungsvollen,
gestalterischen und lebendigen Umgang mit ihm.

Danke, Herr, Danke!

TOBIAS TIEDEKEN, SENDENHORST

Keinen Wein aus Wasser pantschen

Ich bin ein Mensch,
meine Sekunden sind gezählt.
Ich kann nicht warten bis mich Götterlaune
– vielleicht – entdeckt.
Hier und jetzt,
auf staubiger Erde,
inmitten von Gestank, Krankheit und Tod
will ich mein Glück.
Was jetzt nicht ist, ist nicht,
wird niemals sein.

Kein schöner Bild vom Himmel malt Ihr mir
als diesen einen Augenblick lustvoll gelebt
auf dieser Welt,
deren Dreck selbst ist »der Weisheit letzter Schluss«.

So hört mir auf mit Euren Geschichten
vom »wahren Glück« – die allerfeigste Maske –.

Mir braucht kein Gott aus Wasser Wein zu pantschen,
das klare Wasser ist mir lieber.
Gönnt mir den Schluck,
als einem, der an Euren Quellen es versuchte ...
und nicht ein Tropfen war die Beute.

DIETER GÖLTENBOTH, STUTTGART

Ich glaube Dir – Ein Bekenntnis zum Leben mitten in der Gefahr

VON FRIEDRICH SCHORLEMMER

Ich glaube Dir, Gott, Du Ursprung, Mitte und Ziel allen Lebens.
Du berufst mich zum Leben unter Lebendigem.
Du beschenkst mich mit Fähigkeiten zu singen und zu lieben,
zu weinen und zu spielen, zu denken und zu sprechen, zu arbeiten
und zu ruhen, zu verändern und zu bewahren.
Du lädst mich ein zur Partnerschaft mit Dir inmitten der mir
anvertrauten Welt.
Du hast mir großen Spielraum gegeben – eine Freiheit, mit der
ich mich selbst und meine Welt aufs Spiel setzen kann.
Ich glaube Dir, Gott, Du bist geduldig, gnädig und von großer Güte.
Darum und nur darum verzweifle ich nicht, wenn ich die Erde ansehe,
die Du mir in die Hände gegeben hast. Du behältst sie in Händen.
Das ist meine Hoffnung. Darum, nur darum versinke ich nicht
in meiner Angst.
Ich danke Dir für alles, was Du mich in dieser Welt erleben lässt.
Ich glaube Dir, Menschensohn, wirklicher Mensch, Mensch aus Gott.
Jesus aus Nazareth. Dir glaube ich den Frieden. Du hast ihn gelebt
mitten im Streit. Du hast Dir nichts erspart, und Dir ist nichts erspart
geblieben. Zu Dir blicke ich auf, auch wenn Du nicht oben sein willst.
Gerade deshalb blicke ich auf.
An Dir sehe ich, dass Sanftmut nicht Schwäche, Demut nicht
Unterwürfigkeit, Friedfertigkeit nicht Passivität ist.

Dir glaube ich den Anfang eines Lebens ohne Herrschaft.
Dir glaube ich das Ende der Abschreckung.
Dir glaube ich den Ausstieg aus der Vergeltung.
Dir glaube ich die Liebe zum Leben ohne den Anspruch auf Besitz.
Dir glaube ich die Nähe zu den Schwachen ohne die Herablassung
der Starken.
Dir glaube ich die Vergebung der Schuld ohne den Nachgeschmack
der Bitterkeit.
Dir glaube ich das Leben, das durch den Tod hindurchgegangen ist.
Dir glaube ich aufs Wort, auch wenn ich zu träge bin, es zu leben.
Dir glaube ich die Tränen, die Du über uns weinst, wenn Du auf
unsere Stadt siehst.
Was uns zum Leben dient, das zeigst Du uns. Ich bin froh, dass es Dich gibt.
Ich glaube Dir, erneuernder Geist, Geist der Brüderlichkeit und der
Gerechtigkeit, Geist der Wahrheit und Geist der Freiheit, Heiliger Geist,
Flamme des Lebens unter uns.
Ich glaube an Deine Gegenwart, aus der mir Zukunft erwächst,
eine Zukunft, die Raum lässt für alle.
Ich glaube Dich über Brot und Wein, geteilt, verteilt, verschenkt,
für jeden sein Teil.
Ich glaube an Dich, verwandelnder Geist. In die Zukunft des
Lebens weist Du mich.
Wo sich alles im Kreise dreht,
wo ich denke, es gibt keine Chance mehr,
wo sich die Spirale des Hungers und der Todesmaschinen
nach oben dreht und
wo ich wie gebannt auf das Ende starre,
da bleibst Du meine einzige Hoffnung.
Du fängst immer wieder an mit mir, mit uns, mit den anderen.
Schöpferischer Geist, gestern, heute, morgen – aus Deinem Atem lebe ich.
Du lässt mich aufbrechen auf Dein Reich hin.
Zeichen des Lebens lässt du mich entdecken und tun.
So komm, Taube, bring mir den Zweig der Hoffnung.
Gott, Heiliger Geist, der Du die Erde berührst an ihren Enden,
lass mich bleiben unter dem Regenbogen Deiner Güte.

Autorenverzeichnis